U0458089

散落在书页上的

出版往事

汪耀华 著

上海三联书店

目　录

序　在出版大河里钩沉抉微　　　　　　　　　　　1

一本厚书写出茅盾起步的历程　　　　　　　　　　3

王云五谈往事，前辈的智慧终难复制　　　　　　　12

读史久芸日记，总会发现一些……　　　　　　　　23

朱联保，一个出版老人的回忆　　　　　　　　　　31

叶至善：写父亲长长的一生　　　　　　　　　　　40

陈翰伯：皓首出书、拨乱反正　　　　　　　　　　54

出版，是宋木文一生的事业　　　　　　　　　　　65

汤季宏，一位老派共产党出版人　　　　　　　　　74

韦君宜笔下的编辑群体　　　　　　　　　　　　　90

曾彦修：真正是做了一件工作　　　　　　　　　　99

据事修史树典范的方厚枢　　　　　　　　　　　108

邵益文这本书，何必称自述　　　　　　　　　　118

汪家熔晴耕雨读示后人　　　　　　　　　　　　132

范用存牍不易，留下的是怀恋　141

难忘的人中有孙犁　151

郑士德记忆中的发行要事　162

雷群明：一个人回忆一个社　178

樊希安抒写在三联那时的辉煌　188

听李昕讲做书引发的故事　209

汪观清，连环画家的美好生活　226

出版业还有陈善祥这样从事出版事务的专家　239

古旧书里讨生活　250

叶圣陶日记中的家国诸事　262

后记　散落在书页上的出版往事　307

序　在出版大河里钩沉抉微

陈保平

　　与耀华已有好多年未见了。最近的一次好像还是疫情前，在上海书展的展位前，他手里拿着几本不太热门的书，气定神闲地逛着。二十多年前，他在新华书店负责图书宣传，与出版社的老总、媒体跑出版的记者都很熟。书为媒，他成了我们许多人的朋友。后来，听说他去上海人民出版社担任《中外书摘》主编了。想来可能从那时起，他对书和出版投注了更多感情。这本《散落在书页中的出版往事》，就是他看了不少出版史料写就的。慢慢细读，你会发现，里面碎金闪烁、遗珠可拾，一代代出版人的精神世界跃然纸上。耀华对前辈的敬重和深情，我们看到了。

　　读书之余也会想，在诸多行业中，出版和出版人的地位可能是被低估的。因为书出来，大家记住的总是作者。对出版人酝酿一本好书的积累、策划，及其对历史和当下社会的关怀并不为人知晓。耀华书中记录了许多这样的故事。从张元济、陈原、范用，到赵家璧、曾彦修。他们对中国文化和思想的贡献不可淹没。

有一段上海著名出版人巢峰先生的回忆：解放初，他和另一位出版人方学武乘着黄包车在全上海兜，为刚成立的出版局找一处办公地点。结果选中了闹中取静的绍兴路5号。时任出版局党组书记、第一副局长汤季宏先生看了地形，当即拍板。不久，老汤又向市领导提了两条建议：把绍兴路规划、建设成出版一条街；保留、继承和发展上海福州路—山东路—河南路—九江路一带上海文化街的特色。于是，大约十年间，福州路一带开设了科技专业门市部（中图上海公司）、古籍书店、上海旧书店、外文书店、美术书店及多家纸行、笔庄和文化文具用品商店。从此，文化特色一条街享誉上海。半个多世纪过去了，福州路上又建了上海最大的书城。但人们并不知道这位汤季宏先生当年做过的事。

仍是这位汤书记，当"胡风案"平反，文件尚未下达时，他就把"胡风集团骨干分子"王元化、罗洛召集到大百科上海分社来工作。他深知一个出版人才的重要。但当上海社会科学院原党委书记严瑾问他当时怎么想的？他说，他们被打成"胡风分子"是在我任上，作为执行者我也有责任。现在我主持出版社工作，有机会，也有能力纠正我过去工作上的错误。当一个领导是要有"肩胛"的，要敢于承认错误。最后他又补了一句："我们再怎么道歉，都没有办法弥补这些同志这20年来所受的委屈。"严瑾说：老汤的这番话让他肃然起敬。

上海长期以来成为出版重镇，应该有许多原因。喜欢书的人多可能也是其中之一吧。当年文庙的旧书摊、旧书店是许多读书人淘书的必去之地（可惜现在拆掉了）。有意思的是，耀华在文集中还记录了几位旧书摊主的回忆，有位摊主讲了一个故事令我印象深刻。那是一位在邮局上班的爱书人，几个月就要去他那里一次。他说："你想，在邮局上班，一个月能挣多少钱？但那人真的是喜欢书，他专门买日本的围棋书，一本一本地看，每次都买五六千块钱的。我看他每次数钱的时候，手都直哆嗦。他是真看啊，他告诉我，每个棋谱他都照着下。直到现在他还常来。对他，我从不催款，你什么时候想付款付点就得了。"你看，卖书人与爱书人这样惺惺相惜，在这里获得了充分的体现。

耀华发来书稿让我写几句，我就把他写过的故事再重复一下。是为序。

起步的十年
——茅盾在商务印书馆

钟桂松著

商务印书馆 2017 年 1 月第一版

开本：880 mm × 1230 mm/32 开

字数：273 千字

ISBN 978-7-100-12705-9 定价：88.00 元

一本厚书写出茅盾起步的历程

近期，阅读商务印书馆列入"商务印书馆壹佰贰拾年纪念"的《起步的十年——茅盾在商务印书馆》（商务印书馆 2017 年 1 月第一版）后，我吃惊于作者钟桂松先生能将茅盾 1916 年至 1926 年在商务印书馆就业的十年经历写成 450 页的厚书，使我对茅盾起步的十年和作者锲而不舍地研究茅盾并为之所作的努力而深感钦佩。

读着，也产生了一些话题想与作者一起探讨，请恕直言。

第 58 页记述"1920 年 5 月，李达抱着'寻找同志干社会革命'的目的从日本回国，先到上海拜访陈独秀，结果两人一拍即合，陈独秀邀请李达一起筹建中国共产党，并邀请他住在《新青年》出面租的渔阳里二号，一起编辑《新青年》杂志。当时，茅盾的亲戚王会悟也住在这里。"……"李达和王会悟热恋大半年后，于1921年4月在上海老渔阳里二号举行简单的婚礼，……"读到这里，我发现作者与很多党史、现代史研究专家出现了一个共同的疏忽。因为，渔阳里二号与老渔阳里二号是不同的。如果不是引文（如本书引自茅盾文章），建议作者将陈独秀当时在上海租赁的居所（《新青年》编辑部）也即李达举办婚礼的场地统一改为老渔阳里二号（今南昌路100弄2号），因为当时还有一个渔阳里，这个渔阳里现在是淮海中路567弄，当时渔阳里六号住着戴季陶，也是社会主义青年团的所在地。

第92页"据说，商务印书馆当局知道无法挽留茅盾，便给了茅盾一笔丰厚的退职金，给茅盾在商务十年的工作和生活画上了一个圆满的句号"。这个"丰厚"，我想应该也是商务人事部门根据规定核算的结果，如同第449页"年表"所言"四月一日收到郑振铎带来的商务印书馆九百元退职金和百元股票"。茅盾的离职，对于商务而言也是平常之事，与茅盾同期的中共党员也在差不多时间里都离开了商务。所以，有关无法挽留、给予丰厚的退职金之类的描述，似乎大可不必。

第 211 页载有《张元济小传》，内有"1901 年，张元济应商务印书馆经理夏瑞芳的邀请，入股商务印书馆，开始涉足出版事务，担任商务印书馆第一任编译所所长，从此，开始编辑教科书。在张元济的主持下，'商务教科书之盛，冠于全国'。"张元济何时入职商务印书馆？张元济是商务第一任编译所所长？第 280 页写道："1902 年，商务印书馆组建编译所，聘请蔡元培为所长，主持编译教科书，结果半年时间未有头绪。而蔡元培也因'苏报案'于 1903 年 6 月离开商务。于是编译所所长的职务由张元济担任。"对照一下，张元济担任过编译所所长，但是否第一任？

作者在《张元济小传》中继续写道："1914 年年初，夏瑞芳遇刺后，48 岁的张元济让高梦旦主持编译所工作，自己全身心地投入商务印书馆的行政管理中。"这个话题，建议翻翻《商务印书馆 110 年大事记》之类。我先据此"大事记"概述一下：1901 年张元济入股，1902 年入职，1903 年任编译所所长。1914 年夏瑞芳总经理被刺逝世，由印有模（锡璋）继任总经理，1915年印有模病逝，由高凤池代。1916年高凤池任总经理、张元济任经理，1918年高梦旦任编译所所长，1920年高凤池、张元济改任监理，鲍咸昌任总经理。1926年张元济辞监理……

同样，"小传"中记载了张元济一方面不拘一格任用人才，另一方面反对员工近亲用人，甚至公司高管的子女想进商务印书馆，张元济都坚决反对，而张元济本人在这方面堪称典范。"张元济的儿子张树年从美国学成回国，想进商务印书馆，张元济对儿子说：'你不能进商务，我的事业不传代！'张元济曾就用人问题说过：'满清之亡，亡于亲贵；公司之衰，亦必由于亲贵。'张元济的身体力行，让商务印书馆得以永葆活力。"这个传说一直被传诵着并被所有的张元济传记之类复制，甚至把商务的明文规定变成了张元济独善其身的英雄壮举。王云五在《十年苦斗记》中记载了自己作为总经理自1932年1月开始带领商务人所经历的十年奋斗的历史。在《两年的苦斗》（1933年）中写道："去年八月商务印书馆复业时，我对于进用职工方面，定下一个原则，就是父子兄弟已有一人进用的，其他概不进用。"其中的道理我就不展开了，只是说明，张元济没有将1932年11月归国的儿子送入商务，一方面是作为董事长执行了公司制定的规则，另一方面也是个人品质的体现，毕竟没有央求、开后门或采取其他变通办法把儿子送入商务。

茅盾对于王云五的看法，通过1981年人民文学出版社出版的《我走过的道路》来看，似乎是站在对立面进行叙述的。这种态度在本书中也得以体现，譬如第114页与271页的相同引文。其中包括：

1925年8月26日商务印书馆劳资双方谈判时，淞沪镇守使派出一个营长奉命调解，"这个营长就拍案而起，威胁说：明天我派兵来，一定要复工。说着就朝外走了。这时候，王云五突然快步上前，拉住了营长，扑的跪在地下哀求道：请营长息怒，宽限一、二天，我们自己解决，千万不要派兵来。营长不置可否就走了。王云五回身对大家痛哭道：我们双方都让步一点，免得外边人来干涉。"

作者认为:"这段回忆成为商务印书馆罢工斗争中的一个花絮,虽然其他人的回忆中没有提到过,但茅盾作为罢工谈判的当事人,应该可信。因此,后人编张元济年谱时,采信了茅盾这段回忆。因为这个小插曲,这次谈判仍没有结果。"

因为没有第二个人提及,属于孤证。如果王云五确实这样做,倒也不失爱护劳方罢工者,否则真的出现人命,那也不是不可能的。

茅盾称王云五是"官僚与市侩的混合物"(第257页),在茅盾起步的十年中,王云五是1922年入职任商务印书馆编译所所长的,所谓官僚与市侩,应该是对其后来入职国民政府经济部部长并被中国共产党视为"战犯"的一个综合评价,因为茅盾在1926年离职时,王云五并非官僚也少有市侩之习。同样,第263页写着"王云五立刻派出心腹找到茅盾,给茅盾施加压力,"⋯⋯第265页"王云五派人暗中对已发排的《小说月报》稿子进行检查。"⋯⋯这里出现的"心腹"、"派人暗中……检查"似乎也含贬义。好在作者对于王云五的历史以及在台湾出版的一些著作都有了解，大体上也补正了茅盾在撰写回忆录时的"激愤"，毕竟是那个年代的产品。

感谢作者能将茅盾起步的十年写得相当的丰富，我在这里所写的若干读后感，只是希望这本书能有更多的读者也期待作者有更丰富的作品问世。

本书提供的 1921 年胡适考察商务印书馆的一件往事，我感觉值得一读：

当时胡适考察结束时，即 9 月 3 日，商务给胡适送来 1000 元酬金，胡适不愿受酬，"力劝梦旦收回"。但高梦旦无论如何也不肯收回。1000 元在当时是一个不小的数字，像茅盾这样的高级职员，一个月工资也就是三四十元，即使到 1925 年时，商务一般的学徒，第一年月薪也只有三元。显然，胡适并不是贪图钱财之辈，他算了一下，"我只消五百元便可供这一个半月的费用了"。于是第二天，胡适专门去拜访高梦旦，"还了他五百元"，从中可以看出胡适的做事风格。

同样是这次考察并最终推荐王云五任编译所所长之事，作者认为：

> 对胡适推荐王云五之举，学界曾披露了胡适不便明说的另一个原因。十年前，胡适失业，王云五为他介绍工作，又帮助他复习官费留学必考的数学。就是说，在胡适最困难的时候，王云五不仅赏识他，而且帮助过他。现在反过来了，胡适出名了，王云五却失业在家。所以，胡适有意要帮助王云五。自然，胡适有这个想法也无可厚非，而且可以由此看出他的知恩图报。但胡适始终没有公开表达过这个意思。

看来，中国的学界有才之士真是不少，这个原因不仅知道还能披露。

谈往事

王云五著，潘鸣责任编辑

中华书局2015年6月北京第一版

开本：920 mm×1250 mm/32开

字数：200千字

ISBN 978-7-101-10479-0　定价：42.00元

王云五谈往事，前辈的智慧终难复制

《谈往事》是商务印书馆原总经理王云五1964年由台湾《传记文学》杂志社印行的一本小册子，1965年曾再版。等到近些年我也想寻找这本书时，却花费了许多劳力终也难以展卷，当然，我是请友人在台湾下的功夫。

2015年6月，中华书局出版的这本书由中国社会科学院近代史研究所列入"民国文献丛刊"，终于使我得以读到已经成为简体横排本的《谈往事》，自然是一件愉快的事。此书卷首印有"出版说明"，使我了解"民国文献丛刊"首批图书是由台北传记文学出版社授权，印了十九种。"由于作品产生的时代背景和作者个人的政治立场的影响，一些作品中存在着比较明显的时代局限和政治色彩，一些个人视角的描述与评论，难免有不符合事实之处，反映了特定历史时期各派政治势力和社会组织之间错综复杂的关系。我们除了作必要的技术处理外，基本保留了作品原貌。希望各位读者在阅读和研究的过程中，着眼于其文献价值，辨析真伪，而获得本真的历史事实。"

以前读书，尤其是在一些曾经列入"内部发行""限国内发行"的图书中，经常能读到这类说明。当时，总以为是那时的政治环境和出版态势所致，现在再见这个"出版说明"，读出的似乎有些无奈有些不舍。只是，读这类书时，因为不知道究竟何处是被"作必要的技术处理"，也就难免有些遗憾，本真的历史文本究竟如何？或许过几年，又会再出"全本"？

中华版《谈往事》"目录"页刊出了收录的十四篇文章目录，那么此书的原版本究竟收录几篇文章？假如没有见到原版本，那实在也不该有这样的疑问。可是，中华版收录了一篇王云五的"自序"，却让人感觉出版遇到老前辈了。

该篇"自序"在介绍了此书成文的缘起之后，列出了所收各篇文章的要旨。而且所言"本书括有新旧作十六篇。其中属于本人读往事者十篇，属于记述前贤故旧而兼及本人往事者六篇。"由此发现，中华版"技术处理"了两篇文章：《我参加第一届第二次国民大会追述》《张菊老与商务印书馆》，前者"概述余来台后参加政府实际工作前之参政经过"，后者"就张先生与余对商务印书馆之关系，作概括的叙述"。

这个似乎不在"出版说明"中标出的"民国文献丛刊"技术处理的范围？封面上也没有标注"选本""节本"之类。

我想看《张菊老与商务印书馆》，虽然在其他台版书中早已读过，不知为何删除该文？是为张菊老避讳？为中国现代出版史避讳？可惜，对于张菊老、对于商务印书馆，这篇文章真是所有对中国现代出版史有兴趣的读书人都该读读的。读者是否认同、是否作为引文、是否采信，那是另一件事。只是，由着中国社会科学院近代史研究所予以"屏蔽"，多少也欠一个说明。

王云五在《两年的苦斗》一文中详细描述了商务印

书馆 1932 年 1 月 29 日遭日军炸毁之后两个年头的经过情形，文末写着："无论怎样无能力的人，只要肯把全副精神应付一件事，多少总有一点的成就。"

我有一种特性，就是对于任何困难，决不稍感消极，并且偏喜欢把困难的事作为试验，以充分的兴趣，研究其解决方法，万一能够解决，便认为这是惟一的最优厚的报酬。

在《两年的苦斗》中"因为往往出力不讨好，甚至还要讨骂"的经历又是怎样的呢？容我稍费笔墨再现一下：

1932 年 1 月 29 日商务印书馆遭到日军炸毁，"散布在将及百亩地方的工厂和货栈，完全付诸一炬；数干职工都感着失所和失业的痛苦；数百股东都忧虑着血本的无着；千百万等待着供给读物的人们，都叹息这丧失了供给之源，其中一部分的人从前不甚满意于这个被毁的机关，现在却都变更态度，一致表示同情。"刊于

1933 年 12 月《东方杂志》的《两年的苦斗》留存了当时的记忆。

当时，商务上海各机关员工有 3700 余人，大多数人多年倚为生活的总厂被毁而且室家财物也同遭此劫。"他们都纷纷挤到商务印书馆设在安全地带的发行所来要求救济。""所以我们第一件工作便是分头向各银行的后门钻入，去商量暂借若干现款，藉以救济正在流离失所的同人。结果即于商务印书馆被第一炸弹而发火的一小时内，宣布发给各同人每人救济费十元。"第三天宣布每人加发半个月薪水。"原想使滞留上海每日耗费不赀的各同人，得以早日回到他们比较安全的乡里；但是旧同人方面有些不明真相的，以为商务印书馆仍当继续筹款救济，因而观望自误者颇不乏其人。而人事的纠纷，也就随之而起。"

为此，商务如何复兴又如何处理与旧同人的职业关系？"我再四考虑之后，认为要使旧同人的存款得以全部偿还，要使旧同人于领回全部存款之外还可得到相当的补助，要使旧同人将来有再为商务印书馆服务的机会，要使商务印书馆得以早日复兴而保持其对于教育读书界的地位，不得已只有采行一种应付非常局面的方案。"什么方案？3月16日商务印书馆董事会议决：总馆业经停止，各职工全体解雇……

此后，商务做了多种积极的工作，先是使各分馆在紧缩下维持营业，将半年内的营业收入作为复兴用款的基础；其次是利用香港和北平两家平时生产力不多的分厂从事大规模的生产，以使秋季用书基本完成。第三是复兴后的人事问题：

商务印书馆前此为着万分不得已的缘故，在善后期内将所有旧同人全体解雇；但其本意绝不愿抛弃多年相依的旧同人，故于宣布解雇之时，曾自动向官厅及旧同人郑重申明，将来如能复业，当根据团体协约法的规定，按照需要酌量进用旧同人。查团体协约法对于雇主雇用工人所能加以最大的限制，就是于其所雇用之人数中有十分之八属于与有协约的团体，但专门技术人员及学徒使役等均不受此限制。截至本年十一月底，商务印书馆先后进用的职工，除学生不计外，共一千三百七十八人，其中只有六十九人在"一二八"以前未尝服务于商务印书馆，其余之一千三百零九人均系旧同人，占全部进用职工人数百分之九十五，较诸团体协约法所规定百分之八十的限制超出甚多。足见我在限制以外仍是尽量进用旧同人，也就可以证明从前之主张解雇，实无抛弃旧同人之意。

当时，商务成立了人事委员会，"所有复业后进用的一切职工，除副科长及编译员以上者由总经理直接决定聘请外，其他均先提交人事委员会核议，然后决定"；建立回避制度，"我对于进用职工方面，定下一个原则，就是父子兄弟已有一人进用的，其他概不进用"。"因为一家的人如占有两个以上的进用机会，则他家的人势必减了一个以上的进用机会"；女职工，之前有女职工八九百人，复业后，以尽先进用寡妇或未嫁女子为原则；馆外工作的旧同人，复业后除附设一个精装课外，"此外大都委托旧同人在外间所设的装订作场代为办理。这也是维持旧同人生计的一种方法。现在旧同人倚此为生计者，不下四五百人。其他如中文排字的工作，上海制版厂对于这一项的生产力已较'一二八'以前更大，但是为着维持一部分未经进用的旧同人生计起见，我将铸成的铅字约为二十副，以信用方法及特别低廉的价格，售给二十组的排字部分旧同人，并于相当时期内，供给他们充分的排字工作，然后分期就所得排字工价陆续将铅字售价收回。期满后各该组的排字工人便如耕者有其田一般，都成为排字者有其铅字了。这一项也有一百多人，和装订作场合计，则在外间靠商务印书馆为生活的旧同人不下六七百人。"……

如此，劳资纠纷颇多的商务，旧同人再经进用者，大多数都能服从规律，热心任事。经过种种努力，作为印刷家，将工厂机器从一天只八小时工作到二十四小时不停，实行按件计值等奖励办法。作为国内最大的出版家，宣布日出一书计划，复刊《东方杂志》等四种定期刊物，按照新课程标准编印一套比较完善的中小学教科书，编印大学丛书、小学生文库、万有文库、影印古书……

《两年的苦斗》记录了王云五和员工的努力，王云五留下的体会是：

> 在这两年的苦斗中，因为往往出力不讨好，甚至还要讨骂，许多人都说我不太值得，我自己却没有这种感觉，专以所做事的成功为惟一目的。然而我毕竟是一个人，不能没有人的感情。我自己承认生平有一个很大的缺点，就是"小不忍"这三个字；换句话说，就是比较大些的不满的事情日积月累的隐忍着，偶然遇着很小的事，便一触即发，无法按住性子，因此而使生平的事业失败了不少；就是在这两年苦斗的程途中，也因为这"小不忍"三个字，空耗了不少的努力，这是我常常要诰诫自己的。

还有一个体会，写在《八年的苦斗》，记述抗战八年的商务史时论及上海沦陷后，商务采取了"温情策略"，停止印刷业务的时候，一律给工人半薪，使职工生活无忧。也因为这样，当商务欲向汉口、长沙、香港、重庆增派印刷工人拓展或发展业务时，却少有工人愿意前往……

史久芸日记（上、下）

史久芸著，洪九来整理

商务印书馆 2018 年 3 月第一版

开本：710 mm×1000 mm/16 开

字数：830 千字

ISBN 978-7-100-14973-0　定价：280.00 元

读史久芸日记，总会发现一些……

　　商务印书馆自 2017 年年初开始 120 周年馆庆以来，陆续出版了多种纪念读本。其中，令我看好的是一套"商务印书馆同仁日记丛书"。尽管已出的《张元济日记》《郑振铎日记》近些年都曾以不同的版本出过，但《史久芸日记》还是令人耳目一新。据说，后续还有《叶圣陶日记》《蒋维乔日记》，如果《叶圣陶日记》能刊以前未曾结集的 1949 年之后的日记，《蒋维乔日记》能收齐，那对于读者而言真是一件愉快的事。当然，整理、校订和编辑所花的功夫应该也不少。这样的存真，基于一种原始文本的披露，对于今天的读者无论是研究还是闲读，都是一件好事。

　　史久芸先生，1915 年以"练习生"考入商务印书馆（茅盾 1916 年进馆，陈云 1919 年进馆）直至 1961

年（64岁）病逝，一直在商务谋职。干部的履历包括担任哈尔滨分馆会计主任、总馆人事股股长、平版印刷厂厂长、重庆办事处主任、总馆协理、代经理（日记的整理者洪九来先生"整理说明"中说史先生还任总馆经理，但我从《商务印书馆120年大事记》中未见此条记载）。1949年，"中华人民共和国成立后，赴京历任中国图书发行公司副总经理（商务代表）、高等教育出版社与复牌独立后的商务印书馆经理部负责人（实为商务私股代理）等"（"整理说明"）。1950年9月，第一届全国出版会议时，商务方面出席的有华东区私营代表包括史久芸，职务是商务印书馆总管理处财务部长，商务印书馆总管理处经理谢仁冰、杭州分馆经理周文德、福州分馆经理许季芸、印刷工厂厂长王雨楼，特约代表张元济缺席。1957年以后，史先生两次提出退休申请，"但因其作为商务资深老人具有丰厚的人脉资源与娴熟的协调能力，尤其是商务处理海外分馆业务时难以替代的角色作用，因而两次均被商务高层竭力挽留而继续留任，1960年2月23日记载：'上午，王泰雷同志见告，说我的申请退休事，据翰伯同志意，不能批准。但身体不好，尽可迟到早退，或长期半天工作云云。如是，只能表示服从……'直到 1961 年底在现职岗位上因病去世"（"整理说明"）。

《史久芸日记》仅存 1943、1945、1947、1948、1953—1961 年残存部分。缺少了 1949—1952 年日记，实在是令人遗憾的。而且，史久芸先生的日记，基本上是一本流水账，记载着个人及家庭、亲友之间衣食住行、生老病死等，参与企业、组织等公共事务的行状。

从中大致可以看见，一个常年信佛、念经、吃素，吃馒头、粥、面条，晨起打太极拳，喜欢看各种戏剧、电影，处于中老年时期的职业干部在政权更迭、企业多变的时代的人生实录。尤其是面对层出不穷的职工矛盾、房屋搬迁、人员的岗位变动、内部库存的消化、海外分支机构的变化、海外教科书发行，包括诸多老人的迎送探访等等，在这位老财务、老人事干部的笔下，只有寥寥几句，或许只是留下了一个线索，或许也只有这个线索了。

商务出版《史久芸日记》，既让人看到了商务历史上除了夏瑞芳、张元济、王云五等掌舵者之外，还有一群中高层干部数十年前赴后继地为之服务，使我等后人得以在今天追怀商务曾经辉煌曾经艰难的时候，也由此可以缅怀、敬畏这些老人们共同的奉献和努力。

读《史久芸日记》，进入那个时代的语境中还是可以感觉出那个年代的往事。抄录两则虽与史先生职业身份无关，但对于个人、社会都有时代价值的日记片段：

1953年11月10日"今日接余姚阳明区大尹第居民委员会来信，说我有四十亩以上的出租土地，应归为商人兼地主成分，政治上按其他职业待遇，经济上没收出租的土地，其他一切不动云云。"

1956年1月1日"我在余姚义井巷42号的房屋想无代价献给政府，曾与堂侄谈过。今日发给余姚阳明区人民委员会一信，请其批准并指示手续。"2月17日"为将余姚祖遗房子呈献政府事，写复阳明区人民政府信，并准备另印寄去分书一册作证明。"4月23日"今日，复余姚阳明区人民政府一信，为赠献义井巷42号祖遗房屋事。"6月18日"昨接余姚阳明区人民政府来信，说我的赠献祖遗房屋业已接收云云，至以为慰!"

期间，委托家人将父母及四弟的坟作了一次迁移，1956年5月12日家人来信报告的一个费用流水在日记中记着：

运柩三具28.00，地价、工料154.70，旧茔坟1.00，秋华工资1.00，旧坟赔麦1.80，照相费2.11。

共计188.61。我出100元，余由泽侹负担。

1956年日记有一"附录：正月二十日为我的六十虚度（实五十九岁），亲友儿女来礼（以送来先后为序）"，以下为这份礼单（删去送礼者姓名），其中也包含老友们的礼物：

棉、夹鞋各一双，绒线袜三双，人参两支，绒线衫一件，磁寿星一尊，矿石无线电一座，桂圆肉一箱，冬菇、桂圆、莲子、茶叶合一大箱，茶杯一对，锦面贴相簿一本，鲜番茄、蜂糕、寿桃，罐头两个，蜜枣一包，素菜等一盘，绣花贺寿片一张，衣料一块，糖一盒，5人合送人民币150元。

同年3月2日记着"今天是我的母难日。内子为祝我的生日，晨备莲子桂圆并煮面吃，故未去社早餐。"3月4日（星期日）"今日，儿女们来吃我虚度六十的寿面，内子忙了一天。"

好像没有吃圆台面，也没有在饭店祝寿。尽管那时，在寓所或饭店吃饭是常事（当然，这对于史先生有些为难，因为他是吃素朋友，人家吃包子他吃馒头）。

从1953年开始到1959年，史先生一直通过广播、报告会、自学等方式学习《联共（布）党史》《政治经济学》等。1960年3月20日记着"今日起，夜饭后诵《金刚经》一卷以清心"。这可是自1953年开始的日记中难得出现的。

史先生1960年10月11日由北京至广州后去香港出差，在香港时患病并住院，1961年8月15日回广州、17 日返回北京，12 月 19 日在北京逝世。

《光明日报》1961 年 12 月 22 日刊出"讣告"，治丧委员会主任委员为胡愈之，委员有王仿子、王益、刘泽荣、陈叔通、陈原、陈翰伯、吴泽炎、苏继顾、邵公文、金灿然、武剑西、胡愈之、俞寰澄、梁涛然、韦傅卿、张子宏、祝志澄、郭敬、徐鲁萍、黄洛峰、戴孝候等同仁和同事、领导。

老商务的管家，史先生带走了几乎一生的商务故事。不知能否再找到其他年份的日记，这本书已经"不加删改，照章直录"，但如果对于日记中出现的人物作一身份介绍，那就更好了。

读日记，总会发现一些，也会有所感悟，期待商务印书馆继续提供类似日记、董事会会议记录等原始文本。

联保文忆

朱联保著，芦苇岸责任编辑

嘉兴吴越电子音像出版有限公司 2018 年

12 月第一版

开本∷ 155 mm × 230 mm 字数∷ 10.3 千字

ISBN 978-7-89389-161-8 定价∷ 29.80 元

朱联保，一个出版老人的回忆

　　近日，在中国近现代新闻出版博物馆开会时发现《联保文忆》一书，这是我喜欢的，况且桌上放着八本，自然索要了一本并花了两天的闲暇时光阅读。

　　《联保文忆》为朱联保著，桐乡市档案局（馆）编，嘉兴吴越电子音像出版有限公司在 2018 年 12 月出版。

　　朱联保是桐乡人，两岁丧父、十一岁丧母，1917年十五岁时入职中华书局杭州分局当练习生，1921 年起受业师鼓动而"跳槽"到上海加入沈知方先生创办的世界书局，先后担任函授部主任、批发部主任、分局科主任、推广科主任、总务处秘书，乃至出版部主任等，成为中层级别的干部。1950 年起转入新华书店华东总分店、华东人民出版社、上海人民美术出版社工作，先后任出版部副主任、经理部主任等职。1961 年五十九岁时转入上海出版文献资料编辑所工作……1970 年六十八岁获准退休，1988 年病故。

这番经历，基本上是那个年代众多出版人的共同职业经历。朱先生为我所关注的并不仅仅是这个经历，而是他历年的著述。

1993 年，学林出版社出版了朱先生晚年编纂的《近现代上海出版业印象记》，这也是我二十多年来一直留在身边可以随时翻阅的史料。1961 年完成的《世界书局资料汇编》《世界书局历年大事记》，原刊《文史资料存稿选编》，多年前我在世纪出版集团资料室发现了这套"内部发行"的选编，当即借出直至等要离职时才不舍地复印后归还、因为朱先生留下了这一本书和两篇世界书局的亲历记载，已经为后人所敬佩了。

其实，有关世界书局，沈知方乃至李石曾等的史料或研究，以我所见，实在不多。2017 年，上海举行过一个纪念世界书局诞生 100 周年纪念会，印了一本收录公开发表过的相关文章的资料集。

现在，从《联保文忆》中，读到了朱先生对于职业生涯的一些记载或者说是回忆，这次阅读使我感觉有些愉快。

朱先生对沈知方先生的知遇之恩一直心怀感激，对于世界书局也始终存有不舍之念。

1949 年 8 月 16 日，上海市军管会代表在福州路 390 号世界书局（现为上海外文书店）召集全体人员宣布，即日起对世界书局实行军事管理，进行清理收尾。稍后，朱先生写了一篇《我对世界书局和沈知方先生的看法》：

> 某同志曾说起世界书局的出版物毫无思想，毫无内容，对于沈知方先生，也认为一无是处。这一点，也许某同志与沈先生接触较少，以及某同志在上海时间不久的关系，本人想说明一些事实。
>
> ……
>
> 讲到沈先生本人，是由旧式书商改变为新式书商，固然不是文化人，缺乏政治思想，这是时代环境局限关系。我们如把文化界著名人物他们十廿年

前的作品，以今日眼光批判一下，也多少是有问题的。几家进步书店的出版物之中，也有一部分是有问题的。

沈先生魄力雄厚，像福州路这座发行所房子，是书局自己打好图样，花巨大代价叫业主女子商业储蓄银行照样建筑的，大连路印刷厂的设备，沈氏也很费心血，这座厂房印刷车间、排字车间光线之充足、铅印机之多，在当时上海印刷工业中，是居前列的。并创用排在铅字右边的标点符号，以节约书籍篇幅，而降低售价。

朱先生披露，沈先生每天清晨七时左右即到厂办事，虽休假亦然，事无巨细，喜亲自督察，其治事之勤与精力之过人，为同人所敬佩。每届年终，常以"明年从头再做起"和"一日之际在于晨，一年之际在于春，一生之际在于勤"等语，勉励用人。

福州路 390 号原为青莲阁茶园，1932 年由女子商业储蓄银行重建，当年 11 月 14 日由世界书局租赁使用，"计七开间门面，东首设世界教育用品商店，西首设世界商业储蓄银行，均为该局有关之副业"。

1930年，世界书局以地价28.7万元、房屋价4.59万元，先行购置了福州路世界里全弄房屋。世界里后来改为怀远里，即为福州路384弄。

1934年，因资金短缺，世界书局引资融资，李石曾、张静江、吴稚晖等携资入局，沈知方辞去总经理，从此淡出。

虽然，同仁中"与沈氏关系忽浓忽淡都能善始善终者，实繁有徒"。之后的很多年，我等对于沈先生的了解却是少之甚少，可能的原因是沈先生没有如陆费逵先生那样在中华书局的东山再起，也没有如张元济先生这般长寿坚守，更何况后来的世界书局"变色"乃至被军管、被解散。况且，内地也早已无直系传承者为之纪念。

好在世上还有朱联保先生记着自己结婚是"蒙沈氏证婚，并贷给费用。""沈氏辞职时。对多年老同事有一笔酬劳金分配，予亦得在其列。"1939年9月11日，沈先生病故（享年58岁）。

《联保文忆》收录了《在世界书局清理结束时的谈话》，朱先生写道："在抗战之前，世界书局的小学课本大概占十分之四左右；抗战以后，在重庆有一个七联处组织，那时世界书局因为在重庆方面经济力量比较小，只占百分之十二；抗战胜利之后，又有几家同业加入这个组织，世界书局减为百分之十。""世界书局的印刷生产力相当大，每个月可印纸一万令以上，有密勒机十七部，约占当时全国的三分之一。"

朱先生是中国民主促进会会员，1958年4月5日在上海市民主党派联合整风中写了一份《个人思想检查》，内云："世界书局由政府监管时，当时报纸上称伪世界书局，我曾感到不满，因商务印书馆、中华书局、中国银行、交通银行等等，都有官僚资本，为什么对它们不冠用伪字而对世界书局冠用伪字呢？现在事过境迁，这种不满情绪，早已消失，因自转到国家单位工作，站在国家公职人员立场看问题，就不同了。""当1950年这书局宣告清理结束时，我因在局服务三十年，一旦离开，不免有恋恋不舍情绪。现在回想起来，当时的鼠目寸光，实属幼稚可笑。""世界书局的处理结束工作，由出版局方学武、诸度凝同志等主持，他们认真、负责、实事求是，我非常钦佩，只是处理时间长达八年，有些股东包括我在内，感觉拖延太长，其实有30年历史，财产分散在全国各地的机构，处理结束，确非容易之事。存在这问题，已于去年十一月底解决了。"

"我在世界书局工作30年，对这个世界书局自然而然有了感情。我原有这个书局股票300万股，另有蔡佩贞（朱联保夫人——笔者注）200万股，清产核资后，核实为3858元，其来源一是历年工资和奖励金等积蓄，二是伪币膨胀时期为避免损失而购买，实际上仍是损失的。自以为与主动开店办厂的资方似有不同。""现在我的股份，每一季度有实息48元，补贴生活。"

"关于世界书局的职工，1950年转到新华书店工作时，都照世界书局原薪减20%计算，后来再经评级评薪。但听说商务、中华等合营时，职工都保留原单位高额工资，我当时曾有待遇不公平之感，说明我有患得患失心情，现在事隔数年，这种情绪已不存在。"

此类表述，大致也可见当初军管、接管的不容易，也使一些旧人、老人产生失落、不满的情绪。

《联保文忆》中，还零零星星记录了一些个人化的往事：

"57 年上书周总理，建议各行各业吸收青年接班人。"

"1959 年在上海人民美术出版社工作时，上书周总理，请督促有关部门注意生产印刷年画用的纸张。"

"1956 年在上海人民美术出版社工作时，坚持连环画定价暂不调低，使国家每年增收十万元。因社长吕蒙和市委宣传部石西民主张降低 20%，我不同意，我主张与北京人美社同样办理。"

1958 年在上海人民美术出版社工作时，自动要求降低工资级别，但上级未批准。在文献编辑所时，亦曾提出："1961 年将自己历年收存的出版业务资料及书籍期刊等 260 册，捐赠出版文献资料编辑所。"

当我把这些内容包括朱先生对世界书局的回忆一并阅读时，一个鲜活的出版人就浮现出来了……

父亲长长的一生（修订本）

叶至善写，张庆宁责任编辑

四川文艺出版社 2015 年 8 月第一版

开本：147 mm×210 mm/32 开

字数：370 千字

ISBN 978-7-5411-4030-3　定价：65.00 元

叶至善：写父亲长长的一生

　　叶至善写的《父亲长长的一生》十多年前初版时，我就买过读过。近期在上海书城看见四川文艺出版社2015年8月第一版的修订本，书架上仅存一本而且封面也显得陈旧，但我仍然没有犹豫。虽然，写者叶至善先生已经逝世十年了，我也不知这本书是如何修订的。再后来，书友听闻也想读，恰巧我去成都出差时在书店看见叶先生后代的签名本，就买了一本并将签名本相赠了。

　　叶先生写父亲长长的一生，是从八十六岁开始的。每天以一千余字的速度写了二年，写成了这本三十四万字的传记。在这本"修订本"上，叶先生的儿女叶小沫、叶永和写了序，其中写道："爸爸是爷爷的长子，幼年时在爷爷的关注下学步识字，少年时在爷爷的辅导下学做人作文，青年时和爷爷一起编辑书刊，新中国成立后和爷爷一起活跃在文化界和出版界。爸爸跟爷爷生活了七十年，一起经历了所有的国事家事。他清楚爷爷的理想和追求，他知道爷爷的为人和处世，他懂得爷爷的喜怒哀乐，他了解爷爷的文字和作品，所有这些都使爸爸在写自己的父亲的时候心中有数，笔下有神。这本《父亲长长的一生》，写下了爷爷从出生到过世长长的九十四年，写下了儿子眼中的父亲——一个真实的、勇敢的、敢爱敢恨，一生都在追求光明，追求正义，以天下为己任的叶圣陶；一个工作上孜孜不倦认真对待每一件事情，生活中孝敬父母，关爱妻儿，把家庭时时放在心上的叶圣陶。"

叶圣陶作为一位杰出的编辑家，举家编辑《十三经索引》，一直是后人津津乐道的"编匠"故事，现在借着儿子在很多年后的回忆，使我们依然感受到一个出版家庭的其乐融融：

一九二九年秋天，弟弟三足岁了，主意已经挺大，常跟着他姐姐去邻居家找小朋友玩儿，不用母亲老照看。母亲空了下来，想找点儿事做，父亲就把编《十三经索引》的想法跟她说了。工作量是很大的，只要有耐心肯做，没有什么难处。有几道工序完全是机械的，连不识字的祖母也能做。母亲请来了她的铮子姑母和我们的吴阿姨吴天然、王阿姨王濬华（王阿姨是伯祥先生的长女，因为是长胡子公公的寄名女儿，也成了我们母亲的表妹）。父亲带领的就是这样一个编辑班子，用的主要是剪刀糨糊。某先生见了说是"家庭手工业"，一点儿不错。

我那时已十一岁半，《十三经索引》的成书过程全看在眼里，到如今还没忘记。父亲先是编定《编目简称》。如"《毛诗》国风周南《关雎》"，简称"诗南关"三个字；"《孟子》梁惠王上"简称"孟梁上"三个字。父亲买来了一部版本较好的《十三经》，线装竹帘纸本，先断句，这是他的工作。以后的工作，别人都可以做了，就是剪成条，一句一条，转行的得用糨糊接上。剪完一篇，和简称的印章一起，用旧报纸包成一包，用墨笔大字标明简称。下一步是把剪成的字条贴在卡片上，用红印泥在字条下面盖上简称的章。卡片上有个圆孔，都穿在一根细麻线上，最后穿上写在旧报纸上的简称，麻线两头挽在一起打个结，就再也跑不掉了。再下一步，是给各条的头一个字批上四角号码，依号码从小到大，把所有的字条顺遍，头一个字相同的字条，也就归在一起了；再重新按头一个字笔画从少到多，把所有的字条排列成序。就用四角号码不是挺好的吗？干吗要拐这个弯呢？父亲在《自序》中说，怕会用四角号码的人不多，所以仍依笔画为序。其实不是这么回事。我听说在编《十三经索引》的当时，四角号码还是商务的专利，别家的出版物没得商务的许可，用四角号码来检字，是要打官司的。中华出《辞海》因而另外设计了一套检字法。《十三经索引》当时还没有主，看样子，父亲不愿意交给商务。

在工作中运用四角号码，商务是管不着的。那时除了祖母，包括我在内，眼睛一扫，四个数码就出来了。祖母只能贴字条盖印章。我常伴着她，竟没见着有贴倒的和印章模糊的。第二年暑假，我经常给祖母扇扇背，只能轻轻地拂，怕微风吹过了肩头，把桌上的字条吹飞了。所花的工本费省得不能再省。印章是从排字房借来的铅字，母亲按简称一一捡好，用细洋线扎得一动也不能动。卡片是从装订作论斤买来的封面切边，宽窄不论，请他们切成三寸来长就成。糨糊的消费量特大。上海有家糨糊公司，专给写字间服务的，每张桌子一个星期换一瓶，收回来的剩糨糊三钱勿值俩，等于白送。唯一的机械设置是一台打孔机，归我保管使用，给卡片打孔。

字条的次序排定了，还得挨次贴在裁成长条的旧报纸上，全张的报纸摊开了横向裁成四长条。最后的一道工序又得父亲自己动手了，把贴满卡片的长条报纸装订成册，有一百来册吧；于是从头至尾，逐页逐条看一遍。字条相同的，只留第一条；其余的用墨笔涂去字条，留下后边的篇目简称；如果简称中的第一字也相同，只留下最先见的一条，后面各条的简称第一字也涂去。说起来啰唆，其实也很机械，就是得聚精会神，一点马虎不得。父亲从杂货铺买来口厚木板箱，原先是装成条的香烟用的，和我抬到了三层楼去晒台的楼梯底下；然后把父亲编的一百多本稿子，分批搬上三楼砌进木箱，上了木盖。

引得已经够长了。这本书在 1945 年由开明书店出版。新中国成立后，中华书局重印过两次。1980 年，中华书局进行重订，对原书进行了一千处的订正，没想到推翻了读书界出于过分信任的夸张："开明版的书连个标点也错不了。"……

叶先生写"老板"章雪村，为我们提供了章家五兄弟、妻舅的排行和简历，这是比较少见的："雪村先生兄弟五人，他是老大，外头的朋友称呼他'老板'，在家乡马山却称他'大点王'。有人以为是'店王'，错了，'王'字加一点，是个"主"字，一家之主的意思；

当然也是尊称，孔乙己是挨不上的。雪山先生是二点王，在开明主管营业。三点王留在马山管一爿祖宗传下来的南北大杂货店，老忙忙叨叨的，我去马山只见过他一面，没记住他的名字。四点王在开明管栈房，我去找书就称他四点王，如今想不起他的名字来了。五点王雪舟精明能干，当时任开明汉口分店经理，后来任成都分店经理。章家五兄弟，跟我父亲关系深的有三位。""还有雪村先生的妻舅吴仲盐先生，也必须交代一下。他在马山本来有许多田产，开明创办的时候，雪村先生劝他卖掉田产办印刷厂，他真个把田产全都卖光投入了美成，美成的本钱绝大部分是他的。为了振兴中国的文化事业，两位先生都做得对，而且美成也着实办得不错，谁料得到结果会毁于炮火呢！仲盐先生几乎在一夜之间就变得一无所有了，茫茫然地回到了故乡。我去马山没见着他。听说他在绍兴城里，和几个金融界的老朋友一天到晚泡在酒缸里。又说他的信用可没倒，人们甚至比以前还看重他。父亲临走还交代我母亲说，要是一旦需钱用，就叫小墨去找仲盐先生。"

叶先生回忆父亲长长的一生，我读出的却是人情故事，比如开明书店创办人章锡琛、开明书店编辑部主任傅彬然、开明书店编辑宋云彬、商务印书馆编辑丁晓先、出版人冯雪峰等，通过这些白描式的叙述，使我们得以了解那代人晚年的遭际。

一件往事，使我们了解和品味那些民国老人的心境，也不禁感到难受兼着佩服。1977 年 5 月，叶圣陶先生由儿媳满子等陪同，去了一趟南京。于是——

满子趁还有两天的空当，随士秋姐乘小汽轮去大厂镇，代父亲看望了晓先夫人丁师母。晓先先生在"文革"中受了极大刺激，以致精神失常。士秋姐把两位老人接到南京，可是已经晚了，一年半前，晓先先生去世。父亲立即给士秋姐写信致唁。"文革"之初，晓先先生薪水被扣发，存款被冻结，每月只发二三十元生活费。对牛鬼蛇神的这种惩罚性措施，是当时各机关"群众专政组"的土政策，有宽有严，波及面却不小。晓先先生的生活费想来是最起码的。那个年月要子女接济，等于祸害了子女。丁师母对这一点倒是想通的：跟满子通融不犯什么法。满子答应每月给她二十元。她可硬气，说清楚是借的，等存款解了冻立刻归还；后来真个按说的做了，几百块钱一次送还，还有感激存在心里。听说我父亲带着满子同到了南京，丁师母定要再见一面。满子说还是她去看老人家吧，于是跟着士秋姐去大厂镇，最后一次吃了丁师母拿手的，特地为她做的红烧肉。

1978年5月，叶先生陪父亲随中央统战部组织的全国人大、政协在京常委赴四川参观：

　　傅彬然先生是我们动身去四川参观的前一天过世的，到了成都才接到讣告，我父亲只好打了个唁电。记得那年年初，我陪父亲去医院探望彬然先生。他一直处在亢奋状态，脸涨红了，不肯躺在病床上。据医生说也是一种老年性痴呆。见了我父亲，他一再重复，"我没有问题"，好像说他的身体没有问题，又像说他的历史没有问题。后来他闹着非出院不可，出来了几天又住了进去。看来是没希望了，父亲惘然地说。彬然先生过世将近一年，云彬先生也去了。他是典型的老年性痴呆，似乎把以前的一切都忘却了，呆呆地坐在一边不说话。宋师母身子单薄，先过世，他好像无动于衷。五届全国政协开会，他受子女撺掇，由外孙陪同报了到，住进了友谊宾馆。我去问候他，他对我笑笑，可见得是认得我的，却想不出一句要说的话来。在这之前，父亲由我陪着，去探望过云彬先生。这是最后一次见面了，两位老人家还对饮了一杯啤酒。云彬先生终于想出一句话来了："圣翁，你今年几岁？"父亲回答说："八十二。"才过了一会儿，他又问了："圣翁，你今年几岁？"过了好一会儿，他才换了一句话："眉毛白，髭须白。"对我父亲微笑着，念童谣似的，断断续续说了三遍。啤酒不再冒泡，已经喝干。父亲站起身来告辞了当年谈笑风生的云少爷。

同辈人，一个个老去故去。在叶先生的笔下，实在是令人唏嘘。"拨乱反正"的那两年，去八宝山的次数特别多，除了送别正常老死病死的，还要追悼在十年浩劫中受到迫害而去世的。为此，胡愈之先生跟叶圣陶先生握别时常说："下回来八宝山接着谈吧。"

我父亲听说他（冯雪峰先生）割除肺癌回家了，特地去探望。雪峰先生瘦得落了形，没力气说话了，声音发沙，轻得难以分辨，说了不多几句话。最后一句，"不要再来看我了"，我父亲不但听清了，过后说起还老泪盈眶。大约两个月后，有朋友打电话通知我，雪峰先生过世了，又叫我暂时别告诉我父亲，免得老人家伤心。他不知道我父亲已经跟雪峰先生诀别过了，已经在等候追悼会的通知了。

通知等了个把月才到。那天上午，我陪父亲去了，到的人站满了一礼堂。一切都行礼如仪，大家都不走散，等着听念悼词。那时候开追悼会，悼词是非念不可的，尤其是对受过迫害的。静了五分钟场，人民文学出版社的韦君宜站出来说："追悼会到此结束。"大家才诧异而散。父亲问了愈之先生，才知道雪峰先生的问题确已解决，还没批下来，悼词还不好写。果不其然，一九七九年十一月十七，又开了一次有悼词的冯雪峰同志的追悼会，会场上首供着雪峰先生的骨灰盒。盒上的字是开会前两天，雪峰先生的子女请我父亲写的。写这样工工整整的小字，我父亲是极其用心的，照着送来的字条，居然一个字没写错。

1948 年 8 月，叶圣陶在回忆中共早期党员杨贤江时曾说："有一天，他叫我晚上就去行入党式，我没有答应他"。"没有答应"并非"婉谢"，叶先生写道："很可能因为骤然间没有心理准备。"

"父亲没加入共产党。不久国共宣布合作，他和母亲，还有伯祥先生受某位党员同志的怂恿，加入了国民党，说这样做有利于加强国民党中的左派力量。"后来，

51

如何退出国民党的，好像没说。

再后来，叶圣陶担任了全国政协副主席、民进中央主席，成为"副国级"的领导。

余生晚矣，未曾见过叶圣陶先生，但见过叶圣陶的儿子至善先生，那是某年参加民进中央全国出版界座谈会，受到民进中央副主席叶至善的接见、握手并拍照留念。

怀念陈翰伯

张稷编

商务印书馆 2019 年 11 月第一版

开本：：710 mm×1000 mm/16 开

ISBN 978-7-100-16805-2　定价：：128.00 元

陈翰伯：皓首出书、拨乱反正

　　商务印书馆新出了一本《怀念陈翰伯》（2019 年 11 月出版）。我之前已有《陈翰伯文集》《陈翰伯出版文集》，自然希望新出的《怀念陈翰伯》能够提供一些之前未知未闻但对于了解陈翰伯、陈翰伯时代的商务印书馆、中国出版业有所帮助的内容。如此，也就迅速地读完了……

　　此书系商务印书馆百年文化研究中心的一项研究成果，编者张稷写了序言、传略和代编后记。全书收录 49 篇怀念文章，大致被分为五类：一是出版行业领导和老出版人的评价；二是朋友、同事、部下、家人的怀念；三是同僚的追忆；四是早期同事等的回忆；五是收录在《陈翰伯文集》《报人出版家陈翰伯》等的序和感言等。

陈翰伯1985年6月5日所写《自拟小传》全文约800字，也被《怀念陈翰伯》多篇文章提及但未被收录，我找出摘要如下：

……1958年春调商务印书馆，任总经理兼总编辑。十年动乱以后，我担任过国家出版事业管理局代局长。

综上所述，我是青春办报，皓首出书，接触面虽较广，于学问上毫无专长，在事业上也无建树。聊以自慰的是，做了一枚对人民有点用处的螺丝钉。

1980年秋患病，留下半身不遂的后遗症。我已告老，但尚未还乡，现在中国出版工作者协会**看看摊子**。入党那年，我22岁，是一匹驹。而今垂垂老矣，但愿还能作一匹老骥吧。（《陈翰伯文集》，商务印书馆2000年11月出版，第352页）

书中所刊的《陈翰伯传略》写道："1988年凌晨6

时，陈翰伯在睡梦中安详离去，毫无痛苦、悄无声息、甚至没有打扰任何家人。"我查找了一番，陈翰伯应该是 1988 年 8 月 26 日病逝的。"1988 年凌晨 6 时"可能少输了几个字。况且，安详、毫无痛苦、悄无声息等词语也有些描写过多了，毕竟无人知晓老人离开时的情景。

吕红、骆瑛《毕生追求真理》的起始是这样的："我们的导师、报人、出版家陈翰伯，是 1988 年 8 月 26 日披着鲜红的党旗远走的。"这样的描述，应该有违事实。"1988 年 9 月 8 日，在肃穆的灵堂里，陈翰伯同志的遗体覆盖着中国共产党党旗，安详地躺在鲜花丛中。"（郑森禹、杨学纯《把一生奉献给新闻出版事业》）

青春办报，皓首出书的陈翰伯 1958 年 3 月从中宣部理论宣传处副处长、《学习》编委调任商务印书馆总编辑、总经理 12 年，其中 1958 年至 1966 年的八年开创了商务的再度辉煌。1968 年写的思想材料上则自称"我是复活旧商务的罪人"。

1966 年被批斗，1969 年下放文化部五七干校，

1972 年回京……1978 年 7 月任国家出版事业管理局代局长（前任局长王匡 1977 年 5 月主持工作，1978 年 3 月—1978 年 7 月任职），1979 年 12 月任中国出版工作者协会首任主席。1982 年退休。其间，主持出版领域全面推进拨乱反正工作，落实干部政策，恢复全国出版工作秩序，推动少儿出版、大百科出版、地方出版等。陈翰伯代局长的继任者都不"代"了，局长（署长）分别是边春光、宋木文、杜导正、于友先……

《中国大百科全书》《汉语大字典》《汉语大词典》等先后出版，都凝聚着陈翰伯的功绩，他倡议创办三种杂志：北京出版《读书》、上海出版《辞书研究》、香港出版《开卷》，他为这三种杂志组织编辑班子，商定编辑方针，帮助安排出版。他为《读书》匡定了 11 条批语，为《辞书研究》归纳了 10 条办刊方针。

宋木文在陈翰伯诞辰一百周年纪念座谈会上的讲话中有两段，让我感到了陈翰伯那时的无奈：

固然他任代局长的时候已经 64 岁了，可当时尚没有实行严格的退休制度，同他年龄相仿甚至稍大于他的出任同一级别职务的也不乏其人，看来主要是自己没有反映，更不向上伸手，表现了一个老党员做什么与不做什么全听党的安排这样一种高贵的品格。就这样，这位曾经参加领导北京"一二·九"爱国学生运动，1936年入党，建国后在党和国家重要新闻出版单位担任领导职务，有着重要贡献的老新闻出版家，对这个"代"字多年顺其自然的同时，更作出了有全国影响的重要贡献……

1972年，陈翰伯已从干校调回任人民出版社领导小组组长，国家出版事业管理局领导小组成员。宋木文继续讲故事：

1974年，尚在"四人帮"控制舆论的环境下，当时在出版界"反黑线回潮"的大会上，一位造反派递条子，说陈翰伯是旧势力的代表，不能坐在主席台上，因为领导成员都坐在主席台上。当时主持会议的人是领导小组成员赵承风，他是从部队来的，他拿到这个条子后面带难色，后来他把这个条子交给陈翰伯本人了。翰伯同志看到这个条子以后，他面向与会者，从容地说"我自己下台"。

郑森禹、杨学纯在《把一生奉献给新闻出版事业》中披露，1988年2月出版的《世界知识》第3期，是第1000期。举行庆祝会时，陈翰伯来了，他默默地在会场后座找地方坐下。当会议的主持人发现他并请他到主桌就座时，他平易地说："我来向《世知》祝贺，特别高兴。我要与《世知》一般工作人员一起坐坐，请不要让我坐到上面去好吗？"

1974年的那次移坐，有些无奈、也有些鄙视；1988年的"后排入座"，有些超脱，也有些享受。

陈翰伯1988年8月26日凌晨逝世。8月25日他曾参加了一个会议，据胡企林、张瑶均、郑海天回忆："1988年8月25日，翰伯同志去参加他所创办的《读书》月刊出版十周年座谈会，孰料这是他生命的最后一个白天。"冯亦代则说："因为就在8月26日他去世的前一天上午，他还出席了《读书》服务日，即介绍浙江文艺出版社'学术小品丛书'的座谈会。""那天他说话不多，但是从老人的眼光里，可以看到他对为之辛勤一生的文化和出版事业的忧虑。我问到他的病体，他说最近只是觉得乏力。我劝他要珍摄，他默默地看了我一眼，……。""今天除了我们的对话外，他只是默默地坐在那里。我心里一阵凄楚，这哪里是当年的翰伯！他老了，他病了；但是我没有想到他会这样迅速地当天晚上就离去了。"陈延琳在《纪念父亲陈翰伯》时写道："8月25日他还出席了江苏人民出版社在北京召开的一套小丛书的发布会。"

一次会议，三种说辞，我采信的是冯亦代先生的回忆。这套书、这个会在当时我也略知一二。其实，汇编多人回忆文章时，出现这类误差，编者最好能加注，否则，又有多少人知道那年那月那天究竟开了什么会？

陈翰伯有哪些缺点？许力以说，他"有时对事情考虑也有不周的地方……"；曾彦修认为"翰伯同志为人是很和蔼的，但似乎太认真，我觉得他的缺点是，似乎少了一点幽默感……"；陈原是这样总结的："翰伯有时正直到令人吃惊的憨态。例如他相信读书无禁区。他认为下流的黄色的东西不是书，是垃圾，根本不在书林里。""那十年我曾劝他少说话，他不以为然，他认为该说时就该直言，绝不沉默。甚至在最不利的逆境中他也从不隐瞒自己真正的观点。"陈延琳介绍，"他甚至有点过分地反对重印《金瓶梅》。人民文学出版社韦君宜前辈坚持要印，说：'我出的是洁本（删掉露骨描写)!'，我父亲说：'洁本也不行!'但韦前辈不听他的，还是印了。我父亲只好对我们说：'不要去买! 不要看!'我们偷着乐。"

韦君宜与陈翰伯都是"一二·九"运动的经历者，数十年的战斗友情却在《金瓶梅》的出版事宜上"动气"了。

陈延琳回忆："从打倒'四人帮'到1980年他病倒，不过四年功夫……有时我回到父母家，见父亲下班回来'吃不动饭'，要躺一会儿才能吃饭……"

陈延琳在文中写着："1972 年，北京流传一个笑话（有人一口咬定是真事）。出版口的负责人（军宣队）在向周总理汇报时，总理说：'可以印《三国演义》嘛！'汇报的人说：'那个嘛，作者还没有修改出来呢！'""不管有没有这件事，周总理确实点名从咸宁五七干校调回四个人，即出版口的我父亲和陈原，文物口的王冶秋，人民日报的袁鹰"。当时，陈翰伯落实政策返京时带回了补发的 800 元工资，用一部分补发的工资买了三头牛赠送了当地农村。

改革开放后，陈翰伯苏州木渎镇老家派人找来，说祖上还有房产怎么办？"我父母想也没想就捐给国家了。我父母也没赶上买住房。父亲去世时，父母亲两人的存款是人民币八千元。七年后母亲去世，二老的遗产是人民币一万元。我为一身正气、两袖清风的父母感到自豪！"

方原枢在《陈翰伯与中国辞书出版事业》"作者附记"中写着，"翰伯同志逝世后，他的夫人卢琼英同志为策划出版翰伯同志文集事，曾到国家出版局约我写一篇纪念文章，我当时应允，但由于《中国出版年鉴》编辑发稿工作繁忙未能及时交稿，不久卢琼英同志突遭车祸不幸逝世，负责编辑翰伯同志文集的高崧同志也于1991年逝世。我为未能及时写出纪念文章而深感负疚。"陈翰伯夫人卢琼英曾任《中国妇女》杂志社副社长兼英文版《中国妇女》总编。

出版《陈翰伯文集》是宋木文同志倡议、陈原同志指导并在杨德炎总经理的支持下在2000年成就的。

陈原回忆："即使近两三年恶病消耗了他几乎全部的精力，他仍然念念不忘要吸取新知。有一天，他忽然打电话要我给他讲讲新技术革命对出版工作的挑战。我带了一部手提的能打字、能绘画、能存储的电子书写器去看他，他聚精会神地看我'表演'了近一个小时，然后精疲力竭地、满足地笑了，他说我算知道了一点新的技术了。"

陈翰伯，新中国的著名出版家，我们将他的生前身后、宏大背景下的细小琐事还原，大致也可以寻找出那个时代的出版家的毅力、恒心、真诚和遗憾。

思念与思考

思念与思考

宋木文著

宋木文著、李忠孝、郝付云、张镛责任编辑

海豚出版社 2014 年 12 月第一版

开本：889 mm×1194 mm/32 开

字数：125 千字

ISBN 978-7-5110-2269-1 定价：46.00 元

出版，是宋木文一生的事业

老署长宋木文 2015 年 10 月在北京逝世，享年 86 岁。自 1982 年起历任文化部出版局副局长、代局长、文化部副部长、国家出版局局长、新闻出版署署长、版协主席等职。最后的十多年，老署长的回忆文章结集出版了《宋木文出版文集》《亲历出版 30 年：新时期出版纪事与思考》《八十后出版文存》《一位"出版官"的自述：出版是我一生的事业》等。我在翻读的一本《思念与思考》(海豚出版社 2014 年 12 月出版)，主要是老署长思念故人和有关出版的文章汇编。这类文字，既是老署长人生历炼的总结、阅人观世的体验，也给后人留下一份史料珍档。老署长在位时对于中国出版业发展进程的职务贡献，实在也不是我等可以仰望的。读着老署长在晚年思念故人的文章，也许是一次比较愉快的阅读体验。

现在，人们把 1978 年重印 35 种中外文学名著作为中国出版领域拨乱反正、走向新时期的一个标志，这件事是 1977 年出任国家出版局局长的王匡治下的成绩，老署长写道：

王匡女儿王晓吟（任职广东省委宣传部）在（1996 年）2 月 1 日给我的回信中转述了王匡对那段历史的回顾。

"父亲还说当时印那些中国古典名著、世界古典名著还有一个困难就是没有印书的纸。纸都在汪东兴同志手里。那些纸是准备印毛泽东全集的（笔者注：毛泽东逝世后，中共中央决定出版《毛泽东全集》和《毛泽东选集》第五卷，为此储存了一批专用纸）。在那种情况下毛泽东全集还能不能出，不能出的话，纸能不能动，这可是要冒风险的。我父亲就毛泽东的书（指全集）能不能出的问题去问过吴冷西同志，吴笑而不答。问胡乔木同志，他说恐怕很难。于是我父亲便连夜赶到中南海去请示吴德同志，要求动用毛泽东的书的纸印中国和世界文学名著。经批准后，就动用了这个纸把书印了出来。这是一个技术问题，弄不好也是一个路线问题，再来一次'文化大革命'可是要被打倒的。"晓吟对她父亲这段经历还作了一点评论。她在信中说："中国是一个历史悠久的国家，可是中国人的历史感却不怎么强，容易遗忘过去。在后来人看来一切都很容易，可是对当事人来说真是迈一步也不容易，这是一场生死存亡、宠辱枯荣的考验。"

这是王匡主政国家出版局时作出的一项重要决策，虽然都是经中央政治局分管领导同意批准的，但是，这在当时的价值和至今的影响，却是不容低估的。

老署长回忆王益时披露了出版业改革的一些内幕：

经过充分调查研究，王益同志早在 1982 年即提出"以国营书店为主体，多种经济成分、多条流通渠道、多种购销形式，少流转环节"（"一主三多一少"）的改革思路，并被写入中共中央和国务院1983年做出的《关于加强出版工作的决定》，对主渠道的改革、出版社的自办发行、多种购销形式的出现和民营书业的发展，都起了推动作用。

1984年，王益同志又提出，从改变出版与发行绝对分工、出版社也要搞发行入手，推动包销改为寄销，适当提高书价，出版社由生产型向生产经营型转化，对图书出版与发行的传统体制进行综合配套改革的新思路。王益同志的意见在新华社《内参》发表后，中共中央政治局委员胡乔木于11月8日写信给邓力群并中宣部出版局、文化部出版局，说"王益同志所提意见，触及了现行出版发行制度弊端的症结所在，这是建国以来没有人提出过的"。

这些新时期出版改革中具有纲举目张式的举措，都是由王益老通过新华社内参《动态清样》被胡乔木发现后写信给邓力群（时任中宣部长）落实，这大概就是属于"顶层设计"的原委。王益老当时是国家出版局副局长，为什么还需要通过新华社记者发内参才能提出改革思路？

老署长在回忆前任局长边春光时写着这样一件事：

1982年，在国家机关机构改革中，将直属国务院的国家出版局并入文化部，称文化部出版局。边春光由中宣部出版局局长改任文化部党组成员和文化部出版局局长。

出版局划归文化部后，各省市出版局动荡不定。出版管理重在基层，边春光等同志力求上动下不动，保留省市出版管理机构。在起草1983年中共中央和国务院《关于加强出版工作的决定》文件时春光等同志提到中宣部的支持，在《决定》草案中写入了"各省、市、自治区可根据实际情况，或者保留精干的出版局，或者以省人民出版社为主，吸收其他出版社和印刷发行单位，成立联合党委，直属省、市、自治区党委宣传部领导"（意在机构变动时不被拆散），但中央审定时这段文字被删去了。在此次地方机构改革中，除上海、天津、湖南保留出版局外，其他大都按"上下对口"的原则将出版局并入文化厅（局），也有受省政府委托由出版总社代行出版局职权的，如浙江等。在此种情况下，春光同志仍然没有放弃，一有机会即提出加强管理机构的建议。

1985 年 11 月，胡耀邦总书记主持中央书记处审议文化部国家出版局工作会议后，王子野、徐光霄等老同志联名给胡耀邦总书记写信建议恢复出版局为直属国务院的建制……

姜椿芳和梅益为大百科总编辑署名起纷争，也是当时中国出版界的一件名事。

姜椿芳 1978 年起任中国大百科全书出版社总编辑，1986 年梅益继任总编辑，姜椿芳改任顾问。之后出版的《中国大百科全书》各卷'本卷主要编辑、出版人员＇栏的总编辑署名，因按现任职务署名改署梅益，姜椿芳改为顾问"。对此，姜椿芳家属认为梅益侵权，调解未果在 1988 年 5 月向北京市版权处提出诉讼……

胡乔木表示："对大百科全书总编辑署名问题，新闻出版署应坚持职务署名原则；新闻出版署有权处理这件事，不能把这个问题当作版权纠纷交给北京市版权处"……署长杜导正批示："这件事，新闻出版署再不要参与了。调节无效，我们尽了力。请他们诉诸法律与有关部门。"后任署长宋木文"我能做到的，是以新闻出版署署长和国家版权局局长的名义，通知北京市版权处停止审理此案，由国家版权局和大百科出版社主管部门新闻出版署负责处理"……梅益曾说："我到大百科来，非为名利，是受上级委托，为帮助目已失明、耳已失听的老战友而来的。"1993 年春夏之际，终于得到姜椿芳女儿的理解和支持，"总编辑署名为姜椿芳（去世后加黑框）、梅益"。

类似的争执，在当代出版史上应该还有不少，只是被同意"摆平"了。现在，我们借着老署长的笔触，了解了诸多出版名人在改革开放时期的出版人生，这对于不够完善的"正史"，多少能起一些补正、辨正作用。

通过《思念与思考》，读者终于发现，那些年的诸多决策、文件出台、机构调整、人员变化都是有故事的。

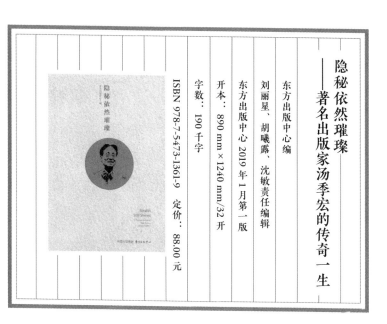

隐秘依然璀璨
——著名出版家汤季宏的传奇一生

东方出版中心编

刘丽星、胡曦露、沈敏责任编辑

东方出版中心 2019 年 1 月第一版

开本：：890 mm×1240 mm/32 开

字数：：190 千字

ISBN 978-7-5473-1361-9　定价：：88.00 元

汤季宏，一位老派共产党出版人

2016年6月29日，东方出版中心召开了纪念著名出版家，《中国大百科全书》的重要奠基人，中国大百科全书出版社上海分社原社长、党组副书记、顾问，原上海市出版局党组书记、副局长汤季宏先生百年诞辰座谈会，多位前辈、领导和家属、亲朋参加会议，与会者分享了东方出版中心出版的《隐蔽依然璀璨——著名出版家汤季宏的传奇一生》……

我无缘参会聆听，但对此书却一直有所寻觅。后来求索时，听说将出新版本，不妨稍候。近日获得2019年1月第1版第1次印刷本，又从网上购得2016年6月的旧本，发现新书的设计、用纸等用力颇多，以时尚装饰成就一本小众的纪念读物，可见用心。

我是见过汤先生的，那时他在中国大百科全书出版社上海分社（副牌知识出版社，现改名东方出版中心），我在上海新华书店图书宣传科谋职。大百科当年一些重点图书在新华书店的营销、首发，我都是参与者。只是因为年轻，面对一白发老人未曾打探并求教，现在已经悔之晚矣。

借着此书，我对于汤先生的人生经历有了不少了解，虽然我曾从商务印书馆、中华书局的史料中发现，这两家出版机构在公私合营期间，上海方面的政府领导是汤先生，而且还是1958年改制后的商务印书馆、中华书局两家企业的董事。1954年商务改组为高等教育出版社、中华改组为财政经济出版社时的公方董事，时任东华行政委员会新闻出版处副处长。有关这方面的往事以及"文革"中被批判的旧事，在回忆者而言，前者是知者不多、后者已有些遗忘了。

1916年出生于江苏吴县的汤先生，1939年加入新知书店，不久创办大众书店，从事图书期刊及其他物资的运输，成为新四军的秘密水陆交通线。1944年10月曾被捕，遭日本宪兵的酷刑，后被营救获释。1945年在上海从事地下物资运输，1947 年 10 月被国民党特务逮捕，三天后未被识破而脱险出狱。……这是汤先生革命生涯的第一站，这个经历，也成为电影《51 号兵站》中"小老大"的原型之一。

革命生涯的第二站从 1949 年 5 月 27 日被任命为上海军管会新闻出版处出版室秘书主任开始，直至 1966 年"文革"之前，这段时间里汤先生始终是上海出版的负责人（职务名称各有不同），"文革"期间被诬陷为叛徒、走资本主义道路的当权派，是上海出版系统第一个被打倒、隔离审查、清除出党的局级干部。据夫人邢至康回忆，汤先生曾说："坐共产党的监狱比坐日本人、国民党的难受多了，因为不能反抗。"

1973—1976 年从五七干校返城后被下放到上海新华书店所辖上海旧书店淮海路门市部当营业员等，1977 年获得平反。十七年为上海出版业布局出版重镇，十年被打压。

第三站，1977 年 62 岁时，受邀筹备中国大百科全书出版社上海分社，1988 年离休。经过汤先生等诸多同事的打拼，不仅完成了《中国大百科全书》《简明不列颠百科全书》中文版的出版，还为今日的东方出版中心争取了40亩土地，打下了一片广阔的天地，迄今仍为同人羡慕。

顺着《隐蔽依然璀璨——著名出版家汤季宏的传奇一生》，我读出了汤季宏这位老派革命出版人的品格。

汤先生夫人邢至康在《十年生死两茫茫》中回忆：

> 大概是在1960年代初，有一天他回家，我看他神色沉重，就问他为什么？他说没事，看他不开心我也不便多问。这时上海市委宣传部长石西民的秘书来电话说石部长要来看他。不一会儿石西民同志一个人来到我们在逸村的家，第一句话就说："老汤下午开会后不舒服是吗？所以我过来看看他。"我一问才知道，原来上海新华印刷厂承印《毛泽东选集》时，有一批报废纸样没有当场销毁，而是当成废纸卖掉，结果在武汉港口的一个卖炒花生小摊上被发现用作了包装纸。这在当时是一个严

重的政治事件，于是就一路调查追踪到了上海，发现是由新华印刷厂流出的。老汤当时是出版局主管上海印刷发行的副局长，所以当天下午被市委宣传部宣布"党内警告处分"。石西民同志对老汤说："这件事情影响不好，怎么能把印毛选的报废纸运到武汉港口包花生了呢？起码是没有注意吧？印毛选只有在上海，你又是分管印刷的领导，只能处分到你了，以后要吸取教训。多讲一句的话，废纸就会保管好了。"季宏当时也很感动，说："石部长这样忙，还如此周到地关心干部。你放心，我会想通的。"送走了石部长回来后他跟我说："这就是我们的领导，这也是榜样。"

......

为了建造上海分社的办公大楼、职工宿舍，他白天带着分社的年轻同志坐着车到处找空地。当时的市委、市府领导芮杏文、陈国栋、汪道涵、王一平与季宏都很熟，季宏也常常在晚上等他们回家后去他们住所要批文，要资金。

1988 年离休后，汤先生召回印刷字体专家钱惠明等进行新字体研发。"大概在 1994 年前后的一天，老钱在赶公共汽车时摔了一跤，昏迷不醒了很长一段时间。汤先生知道后心急如焚，让夫人几次去华山医院联系最好的神经外科医生为老钱会诊。后来钱惠明同志稍微恢复了一些后就回到了老家休养。汤先生心里一直牵挂着他，好几次想去老钱家乡探望，但是当时因为他自己已是耄耋之年，中风了两次，所以都被夫人劝阻了。他就请王克祥同志和字体所的同志每年带着钱去探望老钱。"

女儿汤小辛追忆 1968 年之后的经历：

父亲解除隔离回家以后，组织关系被挂在上海新华书店，每月五十几块的生活费是要去新华书店领的。开始是妈妈去拿，可是她不愿看某些人的脸色，爸爸妈妈于是就决定让才 10 岁的我去领工资。每月的 5 号，爸爸把我送上 26 路电车，我一路坐到终点站海关下车，新华书店总店就在车站的边上。我拿了爸爸的工资，藏在书包里，坐车返家时，爸爸还在车站等着我。我们俩就沿着淮海路往西走，爸爸有时会在光明邨饮食店买一个素包子给我，有时会在"培丽"（全国土特产商店）买一包杨梅干给我。那时爸爸高兴的时候不多，但他看到我迫不及待数杨梅干的馋样就会笑。我喜欢爸爸笑，这是我儿时最窝心的记忆。

曾经的老搭档，原新华书店上海发行所副经理孙立功是与汤先生一起参加 1949 年全国新华书店出版工作会议的代表，"文革"中同样遭受迫害。1978 年被汤先生邀约参加大百科上海分社的筹建（1980 年年末赴北京承担中国出版对外贸易总公司筹备工作）。孙老回忆：

有一件事我记得，有位老同志叫王顺庆，原来是王益同志和老汤在山东工作时的通讯员，后来担任了安徽省贵池地区的区委书记。他到上海看到老汤家和我家没有什么家具，回去就给我做了两个茶几，给老汤两把藤椅。送来之后，老汤就犯难了，给钱吧，王顺庆不要。我就请老王吃了顿饭，临走还送了几条烟，老汤知道后，专门写信给我，一定要把这个香烟的钱也算他一半。

……

季宏同志待人诚恳，批评人也是直截了当。我和赵志骏同志去福建出差时，我的一个朋友把我们接去厦门玩了两天，我们当然就比原来说定的时间晚了两天回来。老汤知道后就找我谈话了，他说："如果有人把你在出差时受别人之邀出去游山玩水的事情反映了，就不好了。但你也不要在意，就当你为大百科站好最后一班岗。"他是这样批评我的，我也没有什么不服气。

我和季宏同志认识了半个世纪，在当年运动不断的情况下，我记忆中的季宏同志不跟风、不整人！我们在工作中常常有争论，但他不记我的账，他没有给我穿小鞋，这是一个值得我尊敬的老领导。

原大百科上海分社副总编辑施伟达以《我们心中的丰碑》为题写出了长篇回忆，其中也记叙了一件小事：

> 他有时以自己独特的职业习惯，连一些细节都不肯轻易放过。如他经常用一根大头针，对准送检的图书页码，上下一刺，如果发现页码没有对准，马上将出版部门的负责人请来，具体指导怎样改进。我们常常说，在汤老面前你马虎不得，更休想偷工减料。上海分社的老职工在汤老的潜移默化、言传身教下，都慢慢地养成了这种一丝不苟的职业精神。

著名翻译家草婴夫人盛天民在《风雨兄弟情》中刻画出了汤老参加革命工作后的一个剪影：

> 我 1947 年和草婴结婚后，老倪和老汤就经常来我们在长乐路锦江饭店后面的小家吃饭聊天，老汤搞地下工作时身上好像没什么钱，他上海的家里

还有妈妈和两个十岁左右的弟弟妹妹，老汤妈妈在石门路南京西路摆了个报摊贴补日常生活。草婴当时在《时代》杂志和《时代日报》，报社每天都要买大量的报纸，每隔几天，草婴就去老汤妈妈的报摊把各种报纸杂志统统收购下来，帮衬老妈妈的生意。老汤有时候去了解放区，好久没有音讯，家里钱不够用，老妈妈就会带着小妹去倪海曙家，老倪就会塞点钱给他们渡过难关。

出版家倪海曙的儿子、字体设计家倪初万在回忆倪海曙先生与汤先生数十年交往历程后，讲述了自己三十多年从事印刷字体设计的经历：

我的父亲去世以后，他的生前好友会经常关心我们晚辈。有一次，汤伯伯来北京，特意约了父亲另一位生前好友艾中全伯伯一同来到我家。艾伯伯问起我最近在做些什么，我说在做一套新字《水柱体》。艾伯伯紧接着说："拿出来给汤伯伯看！"汤伯伯拿着我的字稿看了许久，却一言不发，这倒让我内心多了几分忐忑。这时，艾伯伯笑着问汤伯伯："老汤，你看怎么样呀？"汤伯伯放下手中的字稿，不紧不慢地说："不错，有想法。"然后他话锋一转，非常严肃地对我说："印刷字体的设计原则，我归纳起来就是三个字：稳、整、匀！"随后，汤伯伯将这三个字作了展开式讲解。听着他如此认真专注的讲述，我似乎明白了其良苦用心，汤伯伯是在告诫我，不要把精力放在搬弄技巧上，而是要更加注重视觉效果和阅读效果。

三个字，朴素极简，却是浓缩的精华。在日后的设计生涯中，我的耳畔不时会听到汤伯伯的原音重现。它让我做的设计，少一些迷失，多一分定力。

1957年5月，上海市出版事业管理处改为上海市出版局，汤先生被任命为党组书记、第一副局长。据上海辞书出版社原社长巢峰回忆："现在新闻出版局在绍兴路5号的办公楼，是我和方学武当年乘着黄包车全上海转悠以后提出的方案之一。这是一幢有四五个楼层的独立洋房，出版局成立时机关才四五十人，房子大小规模正合适，我们便看中了这个地方。老汤当即拍板同意。"

当年7月，上海市出版局办公楼从南昌路科学会堂搬到绍兴路5号。开始工作后，汤先生正式向上海市副市长曹荻秋、宣传部部长石西民提议：（1）把绍兴路规划、建设成出版一条街；（2）保留、继承和发展上海福州路—山东路—河南路—九江路一带上海文化街的特色，沿路开设各类专业特色书店和文具用品门市部。

从1956年到1966年的十年间，上海在福州路一带开设了科技专业门市部（中图上海公司）、古籍书店、上海旧书店、外文书店、美术书店及多家纸行、笔庄和文化文具用品商店等，使该路段形成了文化特色一条街。

福州路文化街的改造以及绍兴路出版街的创建，都是那个年代的出版人的创举，而今也一直被大众赞赏、佩服。

汤先生是一位"老派共产党人"，参加革命追求真理的理想和抱负终其一生。上海社会科学院原党委书记严瑾1979年时任复旦大学新闻系党总支书记，贾植芳先生被解除监督劳动回到中文系任教，是严书记等因为王元化先生已调到大百科上海分社工作而听取了汤先生的意见后上书复旦党委才促成的。严瑾在《当一个有"肩胛"的领导》中回忆：

　　时隔一年之后的1980年9月，中央下达了79号文件为"胡风反革命集团案"平反。很多受"胡风案"牵连的其他同志才开始被陆续正式撤销罪名，恢复工作。

　　通过这件事，我和汤季宏同志慢慢熟悉了起来。我记得我曾经问过老汤：为什么在中央平反"胡风案"的文件还没有下达时，他就会想到要把当时被定罪为"胡风集团"骨干分子的王元化、罗洛等人招集到大百科上海分社来？

老汤告诉我：1955年，王元化时任新文艺出版社副社长，罗洛还是新文艺出版社的青年编辑，就被打成"胡风分子"。当时老汤是上海市出版局的常务副局长、党组书记，是王元化和罗洛的直接领导。他们两人是在老汤的任上被抓走、被定罪的。他们一生中最精华的岁月却经历了被关押和流放。作为党的工作者，尤其是一个领导者，不仅要对党负责，更要对下面的同志负责。"胡风案"从定案到定罪都是由中央主持的，"但我是具体执行者，我也有责任。现在我主持上海分社的工作，有机会，也有能力纠正我过去工作上的错误。当一个领导是一定要有'肩胛'的，要敢于承认错误。我们代表的是党，不是个人。我们再怎么道歉，都没有办法弥补这些同志这20年来所受的委屈"。

老汤的这番话令我记忆深刻，也让我对这位在政治上受到很多不公平对待的老同志肃然起敬。

碎片化的汤老，还有很多故事。读着著名出版家汤季宏的家人、同事、旧友的回忆，感觉汤先生似乎还是被低估了，尤其是1949—1976年期间的经历。

纪念是为了继承，为了弘扬。现在的人们又有几位能够停住脚步仰望前辈？况且，前辈的足迹也已模糊了。

思痛录：增订、纪念版

韦君宜著，郭娟责任编辑

人民文学出版社 2013 年 1 月北京第一版

（2014 年 9 月第 5 版）

开本：880 mm × 1230 mm/32 开

字数：238 千字

ISBN 978-7-02-009207-9　定价：35.00 元

韦君宜笔下的编辑群体

有些事，现在听起来似乎已是天方夜谭，年轻人更是无法想象，可是，在韦君宜前辈的笔下流出的往事，却不仅仅是发生过，且是触目惊心的。1998年北京十月文艺出版社出版的韦君宜《思痛录》，我买了读过也一直想写些观感。2012年由人民文学出版社出版的《思痛录增订纪念版》我也买了也曾读了几次，我现在留存的是2014年9月第五次印刷本。

书中对中国知识分子从"肃反"到"文革"的历程进行了反思，这位1917年出生，1935年投身"一二·九"运动，1936年加入中国共产党，1939年到延安编辑《中国青年》……北平解放后先是担任共青团中央宣传部长兼《中国青年》杂志总编辑，1954年调入作家协会任《文艺学习》主编，1960年调入作家出版社（后并入人民文学出版社），先后任副总编辑、总编辑直至社长，1986年离休的老干部在《思痛录增订纪念版》"缘起"中写着：

> 我跟着党，受苦受穷，吃糠咽菜，心甘情愿。真正使我感到痛苦的，是一生中所经历的历次运动给我们的党、国家造成的难以挽回的灾难。同时在"左"的思想的影响下，我既是受害者，也成了害人者。这是我尤其追悔莫及的。

我读这本书，主要的还是从当代出版史的视角去观察、体验作者的记述和心情乃至那个我未曾相遇的时代。于是，顺着书页，我拼出了几段人民文学出版社的往事。

《"文化大革命"拾零》是韦君宜的经历，她写道：

> 还有一件更有名的文字狱、罪状是我的。为了纪念毛主席的若干岁寿诞，各出版社都必须重印几本他老人家的著作。但是，印毛著本来是人民出版

社的独家买卖，别家要出，只可另行编辑。人民文学出版社就编了一本《毛泽东论文艺》（其他社也编《毛泽东论军事》、《毛泽东论农业》等）。但是，毛主席的全部著作，本已编入选集，印数又大，在这范围内再炒陈饭，实难指望卖出。于是书店提出印数一万（以前已印了好几万），我未加思索就同意了。谁想到这批两个字"同意"，竟成了我"反党反毛"的险恶行径。光靠炊事员、司机写不来批判文章，于是由一位老编辑就此事大做文章，说得我居心殆不可问。怎么能对于全国人民翘首盼望的毛著，只让印一万？怎么能对于全国文艺界迫切需要学习的《毛泽东论文艺》加以限制，不让他们学习？文章写得洋洋洒洒，他大约根本不记得只在两年多以前，我亲自去跑《毛主席诗词》一书，半夜三更起来去印刷厂看清样，以备天亮送到毛主席手里。那本书印了几十万，好像一百万吧。可是，这都无所谓。我们的知识分子自己写出这样的奇文，自己署名登报，也不怕丢人。

再说《毛主席诗词》。韦君宜与胡乔木在延安就是上下级同事，她写《胡乔木零忆》的最终落笔在"我怀念着当年的胡乔木"。同时，人文社出版《毛主席诗词》后，由几个编辑动手想出个注释本，"我拿着这稿子去找胡乔木，请他看一看，帮着补充一下，不想这稿子竟引起了他极大的兴趣"。改了又退退了又查，"稿子来回好多次，到最后这本注释稿简直成了乔木定稿的，成了他的稿子。"可是，胡乔木把稿子送给毛主席过目时，毛主席批了"诗不宜注，古来注杜诗的很多，少有注得好的，不要注了"。

书中记叙了一位老编辑"大做文章"，在当时，似乎也是扬眉吐气之大作。

　　我们社有一位全社数一数二的老实编辑，老土。"文革"开始，他一言不发，却全力拥护，以为一切最初做得幼稚的都出于革命动机，可以理解，中国从此要翻身了。到"文革"中期，我已好久没有跟他谈过话了，这时得到"解放"，趁探亲假去他家中拜访了一趟。他跟我谈了几句之后，忽然小心谨慎地对我说："我想，这次'文化大革命'恐怕还是解决不了问题。"我嘴里没回答，心里却忍不住哈哈大笑——"文化大革命"已经成了普通老百姓都已看穿的闹剧，书呆子，你还在等它解决什么问题！我不想跟他说什么了。以后到周总理逝世，天安门"四五运动"轰动了全国，天安门的诗到处抄，抄诗成了罪，最后忽然有本铅印的《天安门诗抄》秘密流传起来。当时，冒着被逮捕、枪毙的危险，秘密编印这本书的文艺界朋友是谁？我可真没想到，就是这位最初热烈信仰"文革"一切最高指示的老实人老王！

老实编辑老王编印《天安门诗抄》，在他心中，一定是"扬眉剑出鞘"之壮举。

作者在一篇《负疚》中写了一位老龙。"老龙这人，一辈子好像不那么愉快，虽然他并没有划过右派，也没有定成什么分子。"但是，编辑老龙在1960年犯"错误"下放了。临走前，他和关系本极深切的老同学妻子离了婚。"他犯了什么错误?""这次毛病出在得罪了两位作家,擅自改了其中一位的作品,对另一位则私下里有不恭的言论。"人事科却说问题出在他父亲是国民党地方小官,姐夫是还乡团要员……

老龙下放一年后回来上班。"有一次就有人背地告诉我:'老龙跟人说你挺可怜,一个妇女,担这样重的担子!'当时我是领导,照理应当威风十足,他居然来可怜我,这不是侮辱吗?但是我听了却觉得他内心对人很有人情味,实非侮辱,当然我只装做不知道。"

"文革"时期,老龙又被揪了出来戴帽再下放干校多年。等到韦社长再度掌权,她又要回老龙,"由他经手的稿子一部两部地得奖,拿不稳的问他,他总有主意。"他被评上了正编审,但他的职位没有动。"他审稿人人服。他可以担任终审,决定去取,却没人提出让他也当个官,糟糕的是我当时只以为让他当编审,已是编辑职称中的最高地位,他不会当官,就甭当了。我就没想到他也是个人,他无缘无故丧失了自己的几十年岁月,丢了年轻时本来有的前途,应当有所补偿,才

95

能让他心里熨帖。"后来，老龙被人拉去另外单位，开始也有些失悔，"他去的那个单位的负责人原也是熟人，打电话问我，应该给怎样的待遇，我把我的认识说了。"过了一阵，老龙担任了副总编辑，入了党。1992年韦君宜在写这篇文章时告诉我们，老龙出了一本书送给她，"万万没有想到，他的书刚到我手没有几天，我的书还未曾印好，信也还没写，竟然收到了他的讣告。他比我年轻。我想，想到关于他的许多事，我该向他说出的对不起的话，都没有说。可是，一切都来不及了。"

冯雪峰先生是文艺界的老前辈、老作家、评论家，又是曾亲身参加二万五千里长征的老红军干部。1957年，他被划成了右派，原来的任职包括人民文学出版社社长都被撤掉。

直到一九六一年，我自己被调到人民文学出版社工作，才知道他一直留在这个出版社，当了普通编辑。——也就是说，已经变成了我的"下级"。

当时，我不知道应该怎样对待他才好。幸好社里许觉民同志提醒我："逢年过节，应该常到雪峰家里去拜望拜望。他到底还是老同志。"于是，第一个中秋节我和别的社领导同志一起登门去拜节。这时候，他的"帽子"还没有摘，见我们来，他的态度是十分从容庄重的。

这里，我特别留意的是许觉民同志的提醒。这样的提醒，真是令人钦佩，韦君宜一直记得也实属不易，也说明她认同许觉民同志的善意、人性和智慧。

我从《思痛录增订纪念版》读出了"老编辑"、"老实编辑老王"、"老龙"、"许觉民同志"、"冯雪峰同志"以及作者本人的生命经历，或是写一句话、一篇文章，也或是编一本书、一份简历，都是编辑群体的一个写照，借着韦君宜的笔触流出，铸成了一页页当代出版的历史。

因为不知还会有人记着吗？还会有人写吗？不知。所以，我读韦君宜。

平生六记

曾彦修著，罗少强责任编辑

生活书店出版有限公司 2014 年 6 月北京第一版

开本：787 mm×1092 mm/32 开

字数：80 千字

ISBN 978-7-80768-046-8　定价：35.00 元

曾彦修：真正是做了一件工作

生活书店在 2014 年 6 月出版了曾彦修著《平生六记》，收录土改记异、打虎记零、镇反记慎、肃反记无、四清记实、反右记幸等"六记"及两个"附录"和一个"特载"。

"六记"的大部分内容，很多年前我就曾读过，尤其是群众、湖南出版社在二十多年前分别出过《审干杂谈》。"本人一生写的东西，最重要的应该就是这篇所谓《审干杂谈》了，因为那是拼着我的生命去证明了那三十个人都是无任何罪行的——而这却是同'四清'的目标根本相反。我又不是用'一风吹'的办法，而全都是凭真凭实据得出的结论——任何神经正常的人都能接受的结论。"(《平生六记》前记）

曾彦修以 96 岁高龄于 2015 年 3 月 3 日逝世，习近平、朱镕基、温家宝等领导送花圈。一个1938年加入中国共产党，1949年南下任南方日报社社长，1954年3月任人民出版社副社长、副总编辑，1957年被戴"右派"帽子，1959年摘帽，1960年至1978年在上海中华书局辞海编辑所做编务，1978年回北京任人民出版社总编辑、社长，1983年离休的老干部，他在反"右派"时的表现，早已成为那一代人的表率，也是一直被赞叹的。这方面的往事，我不在这里赘述了。还是以书说事，聊聊老人在那些年的亲历和记录。

《平生六记》版面字数仅为八万字。这"六记"都是老人在"文革"前的革命经历，"这次我又用心将这些事重新写了一遍，事情由简而繁，看起来可能更有趣一些。"

此书扉页上的作者介绍写着"1983年申请退休"。不过，我看见《人民出版社大事记》记载着"1979年8月，曾彦修任临时党委副书记"，1979年8月—1983年4月任总编辑。1983年4月，曾彦修任人民出版社社长，张惠卿任总编辑。也许曾社长是在获任社长后申请退休的，等到年底被同意退休。人民出版社在之后的五年中，社长职位一直是空缺的，1988年11月才由薛德震任社长兼总编辑。不知为什么，只写着"1983年申请退休"，却没有显示什么时候退休。

1964—1965年的近一年中，老人作为上海市出版局"四清"工作试点队的一员到上海群众印刷厂参加"四清运动"。这是一家由原大东集成印刷厂、上海市印五厂外迁后留沪人员及设备为基础组建的（不过，我请教一位1965年在该厂实习的前辈时，他说，四清分队长是辞书的庄献芝，那时叫洪兴印刷厂，群众印刷厂是"文革"时期改名的）。1978年之后，我也去过这个厂，而且，这个厂的遗址我现在还常常走过。

我奉命参加的是一支有四十来人的"四清"工作试点队，队长是上海市出版局长马飞海，一位上海的老地下工作领导者，为人稳重。被"清"的是一个叫"群众印刷厂"的八百多人的大中型印刷厂。这个厂特别是它的装订车间有一百八十多人，是由原三十来个小装订作合并而成的，被认为是一个政治上很复杂的工厂。我就被分配在装订车间工作组。

我认为，我一生真正谈得上是做了一件工作的，就是这件事，即1965年在"四清"运动中，为被审的三十来个工人及干部，全部洗清了汉奸、特务、政治骗子、反动资本家……这一类的怀疑或帽子，全部彻底以书面撤销了这些怀疑。我一生的其他工作，我认为也就是办公而已。

写了三十来人的审查结论，老人把其中十个人的《审干杂谈》写成了一本小书或称《四清记实》。第一个，"似乎明明是盗窃公物的人，是如何被证明是毫无其事的"：

装订车间里有一个中年妇女，平时人际关系不太好，一直在用一种粗糙棉纱线织背心，织了一件又一件，群众怀疑她是偷来的棉线。她说不是，但又不敢说明来源。工作组中的工人同志，也弄不出个头绪来，就开了小型讲理会之类。她坚持说是在市场买的棉线。但那时哪有这种市场呢？显然不实。我觉得事情很小，但她哪会有这么源源不断的粗棉纱线的来源呢？斗不下来，是停止不了的。天上会掉下来棉纱线么？

我在工作小组里是"资料员"，可以泛管全车间的事。我向组长请战：我去找她谈谈可以么？她当然是有来源的，要先解除她的恐惧心理才行。十几年的社会斗争，从未停过，一次运动下来，总有一大批罪犯，哪个不怕。何况谈话的方式离不开审讯罪犯的形式："×××：你只要老实交代，党的政策是坦白从宽，抗拒从严，你不要失去机会，越早一点交代，对你的处分越轻!"这么一段训话下来，对方无缘无故地已经被定位"罪犯"了，往往越是劝导，人家越怕。

我找她谈话，先从开玩笑起，说："×××，你真忙呀! 一分钟也不休息，人家笑你呢?"她忙问："笑我什么？"我说："笑你财迷！"她说："不搭界（上海读为 ga 的第四声）嘛！"我说，人家说"搭界"，说你投机倒把哩……就这么开玩笑地谈下去。"人家还说你那线团来源不正呢！"她说："偷来的？抢来的？"我看她已毫无恐惧之意，就说"那你哪里来的，天上掉下来的？"她就笑了，"告诉你吧，是公家的东西，不过不是偷来的"。于是她就原原本本地告诉我，她的丈夫在某厂做钢筋水泥制件运输装载一类工作，每天发一双粗面纱手套，用不完，她就拆开来织棉线背心，拿到市场上去卖。工作组立刻派人去查，完全属实。

余下的则是：一个自吹参加过欢迎汤恩伯宴会的国民党"地下人员"原来只是一个端咖啡的小工；一个被怀疑当过汉奸警察局长的人仅仅是同名同姓；一个"汉奸"，其实是我们指定的两面村长；一个"兵痞"，其实是最底层的受压迫者；一个被认为告密罢工的"工贼"，终被证明纯无其事；一个"假党员"、"假新四军"如何被弄清楚确曾是真党员、真新四军的；箭在弦上的时候解救了一个党员的政治生命；一个亲笔留下了"罪证"的女支书还是冤枉的；一个戴着双重反动帽子的"反革命资本家"，最后证明原来是一个舍命掩护过地下党员的人……

历史，由着当时的人们书写。只是，后人顺着老人们的记叙，也部分地了解了那时的历史。

《平生六记》是作者在 2013 年前后新写的。这时，因为原始档案和旁证资料的缺乏，不免会出现一些细节上的偏差。当年我读《审干杂谈》时就发现了一些，但是没有提醒作者或出版社，现在复读作者新写的《四清记实》等不免有些遗憾。当然，现在的行文，也不伤大雅。作者对于从 1960 年到 1978 年在上海辞海编辑所的将近二十年的历史，一个资料员的生活，没有"六记"那么有故事。可惜，同辈人也渐渐地离去，以至我近期为编一本词典常常进出陕西北路上海辞书出版社（之前的辞海编辑所）时，老人的人脉故事早已消逝。

《平生六记》"附录"收录了《一个地下党员被人供

出后有无不被捕的可能——记军宣队一次对我的征询（1971年）》，记述了老人在上海新闻出版系统"五七干校"期间接受军宣队的一次个别长谈。在《我所知道的胡耀邦为"六十一人案件"平反急如星火》中写道："1977年四五月时，即打倒'江青反革命集团'半年多一点的时候，于光远因事到上海，一天，他打电话到上海辞海编辑部找我，叫我下班后到东湖路招待所去找他，我去了。他问我的情况，我说，继续靠边，无事做，替大家抄写打倒邓小平的大字报，不天天（挨）斗了。我告诉于，我写了两份材料给中央，不愿交邮，怕收信单位转给那帮人，这次正好请你回京交与叶帅。""两份材料，一是关于张闻天的，一是关于康生的"……

出版工作七十年

方厚枢著，张稷、郭悦责任编辑

商务印书馆 2015 年 7 月第一版

开本：787 mm×1092 mm/16 开

字数：486 千字

ISBN 978-7-100-11156-0　定价：118.00 元

出版工作七十年

方厚枢

商务印书馆

据事修史树典范的方厚枢

　　出版史家方厚枢先生以 87 岁之寿于 2014 年 10 月 15 日在北京病逝，在告别室挂着"据事修史依理立论出版名家树典范，诚恳待人竭力奉公书林同道哭前贤"的挽联，书写者恰如其分地概括了方先生做事做人的本真。

　　2015 年 7 月，由商务印书馆出版的《出版工作七十年》是方厚枢先生的自传体回忆文集，由老署长宋木文作序，记述"一位出版史家的成长路径"。方先生 2013 年 7 月 31 日写就"后记"，称这本书为"我这辈子最后出版的一本书"，却没有亲见出版。我在获悉此书出版后径直从网上购买了一册（定价 118 元），以此向方先生致敬！

　　方先生在"后记"中把个人的简历汇报了一番：

我从 1943 年 4 月进商务印书馆南京分馆工作起，到 1953 年 12 月在北京中国图书发行公司（商务印书馆和生活·读书·新知三联书店、中华书局、开明书店、联营书店五家的发行部门联合组成公私合营的发行机构）总管理处结束时止，共计在商务印书馆工作了十一年。我很怀念这一阶段的经历，因为它是我这一生跨入社会工作的第一步。我好比进入了一所"没有围墙的大学"，充分利用业余时间，在南京分馆门市部密密的书林中，尽情享受读书的快乐。我利用馆内丰富的图书，在无声的老师——大量词典、工具书的帮助下提高了自己的学识水平，弥补了过去失学时造成的损失。中图公司成立后，从北京总处发来一大批三联书店出版的图书供南京分馆出售。我对三联版的图书几乎每册都要浏览或阅读，特别对宣传马列主义、传播进步思想方面的读物都认真学习，对我思想意识的提高，起了巨大的、深远的影响。总而言之，是好书改变了我一生的命运，从此走上虽有曲折但有收获的坦途。

我从 1951 年 9 月在中国图书发行公司总管理处参加编辑工作开始，直到 2012 年 8 月底，从手头尚存的书刊样本的不完全统计，六十多年来，我主编和参与编辑的书、报刊有 28 种，总字数 4650 余万字；我在书、报、刊上发表的长短篇文章和资料共有 500 多篇，总字数 620 余万字，一部分是 1987 年退休之后写的，其中有关中国出版史方面的文章和资料约有 260 余万字。

作为出版界公认的出版史家，方先生"文化大革命"十年中先后在文化部出版局、"毛主席著作出版办公室"、"国务院出版口"、国家出版事业管理局等工作，收拣了一批出版界的"造反"材料、捡回了三十多捆准备化浆的原出版总署和文化部历年积存的文件草稿、文件副本等资料和内部刊物，参与筹备并参加全国出版工作座谈会（会期 138 天），中外语文词典编写出版规划座谈会……"在'文革'十年的动乱情况下，我始终未离开出版岗位，并注意收集、保存了大量的出版资料，特别是较完整地保存了'文革'时期的出版史料，为1980年以后撰写我国出版史提供了重要的参考史料"。

我与方先生相识于1990年。那年，我三十岁。为筹备第三届全国书市，在方鸣兄、蔡国诚兄的支持下，我在北京宴请了三联书店总经理沈昌文、新华书店总店总经理汪轶千、《出版工作》主编滕明道、《中国出版年鉴》及《出版参考》主编方厚枢、《新闻出版报》总编辑谢宏等京城出版界大家，为即将举办的书市谋划出招。

后来，我在《文汇读书周报》写了一篇《五人纵谈出版事》，论及方先生的部分写着："方先生是事必躬亲的典型。尤以主持《出版参考》受同行青睐，那份半月刊式的文摘，使出版界前辈陈原先生认为是不能不看的。有人甚至说，是北京相关报刊中最值得一读的。他原先在新华书店北京发行所工作过，聊谈中平添了一份亲切"。

之后的很长时间，我与方先生常有书信来往，他的新著也都会签名赠我，我因为才疏学浅乃至偶有编著也怕班门弄斧不敢奉献，失去了很多受教机会但依然蒙先生关心、关照……

方先生的出版人生大致分两段，"前五十年"（1943年至1993年）兢兢业业谋事，从商务印书馆、中国图书发行公司、新华书店北京发行所、文化部出版管理局到国家出版局，最后在中国出版科学研究所退休。经历了卖书、宣传书、管理书、研究书到编书、著书的漫长岁月。退休之后的"后二十年"（1993年至2013年）是后劲发光的好时期。

老署长宋木文在序中写道：

这里有一个特别值得注意的情况，那就是他至今发表的500多篇、520多万字研究文稿中的大部分都是1993年退休后写出的。而他一生中最重要最具有标志性的出版史研究成果，大部分也是在退休之后完成的。他承担最重要的一项任务，是负责九卷本《中国出版通史》巨著最后一卷《中华人民共和国卷》的《绪论》、第一章至第七章（1949 年至 1979 年）和附录《中华人民共和国出版大事记》三部分的撰稿工作。就是说，《中国出版通史》最后一卷的《中华人民共和国卷》从 1949 年至 1979 年这三十年的出版史，外加《绪论》即导言与概说，以及从 1949 年至 2007 年这五十八年之大事简录，都出自方厚枢之手笔。这三十年中的 1977 年、1978 年，多被党史国史著作以"两年徘徊"简化处理，而方厚枢却"以亲身经历"专门写了《拨乱反正时期的出版事业》一章，内容翔实可靠。我作为亲历者，也甚为赞成。

这一切都表明，方厚枢退休后的二十年，是他研究工作卓有成效、研究水平达到新高度的二十年。

如方先生这般在退休之后通过"发挥余热"而其实大有作为的前辈在出版界实在不少，也因为有着这些前辈的亲历、亲见、亲闻，才使中国的出版史得以延续。

老署长宋木文是方先生的老领导也是好领导，有这样的领导也是方先生人生的幸福。方先生1987年申报副编审职称，因学历仅是"初中肄业"，未评过"编辑"，英语也只识几个字母和会说少量单词，担心能否评上。当时，老署长任编辑出版专业高评委主任，在评审时提议、全体评委通过，破格评定了方先生的编审职称。1991年11月，新闻出版总署在北京国际饭店举行颁发政府特殊津贴证书仪式，老署长主持颁发证书的座谈会，经他征得党组其他同志同意，按专业任职经历、学识水平和实际贡献，使白以坦、王大山和方厚枢以特例同其他老专家们一同名列第一批入选：人民出版社副编审白以坦，因校对《毛泽东选集》（一至四卷）无一差错而被称为"校对王"；荣宝斋王大山（无高级专业职称），因鉴定古字画和现代名人字画善辨真伪而享誉京城书画界；中国出版科学研究所编审方厚枢，长期在国家出版机关工作，因自学成才，有"活字典"和"资料库"美称，并在辞书、年鉴和出版史研究中成绩突出。

《出版工作七十年》分三大部分：上编出版工作七十年的回顾；下编"耕耘文存"，包括："出版史研究"16篇，"编辑之歌"12篇，"回望散记"5篇；附编"我的乡情家世"3篇是对家人、家世的回忆。书中，方先生以46页的篇幅记述了出版工作七十年的经历，在全文"尾声"之尾写着：随着年龄增长和健康情况的下降，近几年写作数量逐年减少……

　　写了《出版工作七十年》，经过几个月的努力，已于7月中旬修改、定稿。鉴于我的健康情况，我的出版研究和写作生涯，就此画上句号了。从留下的这文字篇章中，可以了解我一生跋涉的足迹和走过的艰辛旅程，借此也向多年关心、指导、帮助我的多位领导同志一个简略的汇报；同时也给赠书给我的老同事及老朋友们一个回报吧！

方先生在一个介乎"断层"的空间（老干部被打倒，新干部缺乏常识），为出版史留下了珍档。在之后的写作中，也不回避、不随风，保持着一个史家的直率和认真。现在，方先生的出版史研究书刊、文献和资料捐赠给了中国近现代新闻出版博物馆，找到了一个合适的地方。

一个编辑出版者的自述：为编辑研究和编辑学学科建设尽一份力

邵益文著，杨铠瑞责任编辑

中国书籍出版社 2016 年 12 月第一版

开本：787 mm×1092 mm/16 开

字数：380 千字

ISBN 978-7-5068-5951-6　定价：86.00 元

一个编辑出版者的自述：

邵益文 著

为编辑研究和
编辑学学科建设
尽一份力

中国书籍出版社

邵益文这本书，何必称自述

2018 年 6 月，趁着在大连参加一个会议的间隙，读完了邵益文所著《一个编辑出版者的自述：为编辑研究和编辑学学科建设尽一份力》（中国书籍出版社 2016 年 12 月出版）。这本书有 38 万字，虽说是自述，但更像是一本工作总结。买了很长时间，终于读完。

这本书是中国新闻出版研究院"口述出版史"的一种（还有几种？没有在该书环衬、封底等处体现），在总序中，我读出了丛书的立意是以"宏大叙事"的"私人叙事"，由此收集、保存一批带有鲜活个性的、珍贵的当代史史料。从"三亲"（亲历、亲见、亲闻）切入，聚焦"两重"（重大事件的处理始末、重要政策的起草出台）。如何将这个立意、目标与具体的作品相结合，不是件容易的事。前车之鉴是唐德刚先生所治的口述史。倘若只是取一种访谈的形式而被访者大量运用的都是历年的工作总结，变成了自撰，可能出现偏题。

全书共分六章：包括童年的经历、成长的足迹、中国青年出版社期间回顾、中国出版发行科学研究所的建立与建设、全国出版科学学术讨论会简况、中国编辑学会工作回忆等。第一、二章或者加上第三章是我比较喜欢的、口述感情浓厚的记忆。

作者早年从绍兴乡村到后来投奔被定性为"工商户"的父亲，在上海读书，在中学时上海已解放，经过老师的观察和个人的努力，不到20岁在校时就加入了中国共产党，毕业后到上海市嵩山区团区委、团上海市委组织部工作，1954年被选送到中央团校学习一年，结束后调入中国青年出版社从事编辑工作，参加了各种运动、编辑出版了众多适合形势的图书。这段经历只是全书的七分之一篇幅，但我还是读出了作者留恋着幼年时的乡村生活、读书时的热情和工作的激情乃至做编辑的自豪。

据书中披露，作者的编辑成果有《我是怎样当团支部书记的》《和农村青年谈谈婚姻恋爱问题》《怎么搞好青年监督岗》《祖国号召我们向科学进军》《马恩列斯经典著作介绍》《毛泽东著作介绍》《学习毛泽东著作》《阶级和阶级斗争讲话》《学会阶级分析》《略论政策》《坚决向坏人坏事做斗争》《肃清一切暗藏的反革命分子》等，是那个时代对于年轻人进行政治思想教育的标配读物。

后来，就是十年"文革"，被斗、关牛棚、靠边站、大串联、下放干校……"在中青社工作近三十年，我对这段经历还是很留意的，因为我的整个青年时代，主要是在中青社度过的"。

1983年11月，作者被调入文化部出版局，参与中国出版发行科学研究所的筹建、开创，直至1994年退位。接手中国编辑学会任常务副会长兼秘书长至2005年。在研究所和中国编辑学会的二十多年间，为中国出版科研、中国编辑学会所做的贡献，是无人可比的。

书中大量描述了作者在这两个机构中执事的经历，也给读者留下了一段段令人回味的往事：

记得有一次，老边给了我一位同志的工作简历。这是研究所成立以来，他给我的唯一的一份推荐干部的材料。并说他不认识此人，要我仔细了解一下，能否调入研究所。我仔细阅读了材料。此人40多岁，军队团级干部，作风正派，但脾气不太好……从整体上判断，觉得该同志文化水平一般，对出版不摸门，年龄偏大，调进来搞不了业务，只能做行政工作。又考虑到该同志已是团级干部，按常理调入工作一段时间之后就应根据情况安排适当职务，但是行政部门已很难再安排。从人才结构，发展空间考虑，应该调入年轻一些的同志为好，所以我倾向于不进这位同志，也没有请人事处将该同志的材料送各位所领导班子成员传阅。谁知在一次所长办公会议上，讨论完既定议事后，老边突然问我，那位干部的情况调查得怎么样？我一方面如实地谈了我的看法，同时又马上打电话给人事处，请他们把该同志的材料即刻送过来。老边和其他三位领导成员也简单地看了一下材料。老边问我："这个人有没有政治历史问题?"我说:"没有。""能力怎么样?"我说:"从材料看,能力没有什么问题。"老边说:"那调进来好像问题不大吧?"我没有吭声,其他与会领导也没有表态,会议形成了沉默的僵局。老边既没有说"那就调进吧!"也没有说"讨论一下",因为在这种冷场情况下,很难使讨论继续,其他与会的所领导成员也不好表态。这时老边笑嘻嘻地唱起了《纤夫的爱》这首歌:"妹妹你坐船头,哥哥我在岸上走……"这时候,我的眼泪夺眶而出,说了一句"我同意调入!"其他同志随即也表示赞成。老边的歌声停了,慢腾腾地说:"邵益文的意见,不是没有道理,但总的看,这个人政治上没有问题,脾气虽不好,但没犯过错误,能力也还可以,这样的干部换个环境,也许能更好地发挥积极性,脾气也许能够改得好一些,至于职务,跟他讲清楚开始进来时先不安排,看他实际表现再决定。"老边对不同意见,没有以上压下,也没有用少数服从多数的办法硬性通过,因为这样容易把不同意见者孤立起来，不便于以后工作。他用循循善诱的说服方式，表示他的意见，展现了革命老干部的宽广胸襟和工作艺术。从此以后，他再没有提起过这件事，我也再没有跟任何人谈过这件事。但是，每当这件流年往事浮现脑海，我就忍不住流眼泪。我总在想，老边他为什么要这样处理这件事呢？一方面要把事情办了，另一方面又要保护我的积极性。这事过了很久，有一次我和调进来的这位同志聊天，无意中知道他的背景和经历，才知道老边当时的难处。

不知是否口述的缘故，这么一大段也没分段。而且，也没有写出老边（边春光同志）当时究竟有什么难处？这个难处何以使他开唱"妹妹你坐船头"……也不明白作者为何在不明理由的情况下"眼泪夺眶而出"？

1985年中国出版发行科学研究所批准成立以后，局领导曾示意希望在当年召开学术讨论会。边春光同志介绍，重庆出版社社长秦志茹同志希望有全国性的会议安排到他那里去。打电话给秦社长，他表示热烈欢迎。谁知到了正式开会前一个星期，刘杲同志忽然找到作者，说重庆出版社有一位领导，半个月以前曾给老边和许力以同志分头写信，信中明确表示反对我们到重庆召开学术讨论会，说这是"坐而论道""劳民伤财"等等。大概局里同志当时给这位领导同志打了一个电话，进行了说明，以为问题已经解决了。

谁知道又接到中办的电话，说那位同志又给中共中央书记处胡启立同志打了电报，意思和原来的来信差不多。刘杲同志给我看了这位同志给老边写的信。我一看才知道是位"左"先生写的，意思是开这种出版理论学术研讨会毫无必要。我跟刘杲同志报告，研讨会通知早已发出了，路途遥远的参会同志，如西藏的同志，可能已经启程在路上了，我请示刘杲同志这么办？刘杲同志当即指示，召开学术研讨会是必要的，按照既定计划照开不误。你们马上起草一个给胡启立同志的报告，并强调了开会的理由和节约办会的精神，要求把报告下午送来，由他呈送启立同志。我赶回所里，把此事告诉了再生同志，并立即起草了一个报告，报告中强调了以下几点：一是，这个会是根据中共中央、国务院《关于加强出版工作的决定》精神，要加强出版科学研究工作而召开的；二是，开会的"通知"十多天前就已经发出，路远的地区可能已经启程赴渝；三是，这次会议是启动出版科研的第一炮，在这种情况下如果不开，就会引起不必要的猜测；四是，会议一定注意节约。为此，刘杲同志指示：大会不宴请，不馈赠。凡参观游览者一律自费。结论是坚持开会，注意节约。这个报告交刘杲同志以后，再没有听到中办有何音讯。为开好这次会议，我们的筹备工作从没有因此而停顿。但这封信还是产生了一些影响，原来决定参加会议的文化部出版管理局局长边春光、顾问王益同志，都借口有事没有出席这次会议。

我离京赴会前，特向刘杲同志辞行时，他还叮嘱我，到重庆以后，要找一下"左"先生，和他聊聊，不要因他有不同意见而另眼相看，更不要对立，要团结有不同意见的同志。"左"先生原来是一位重庆出版社副社长，也参加了开幕大会，我事先知道他参会，在全体代表合影以后，我请重庆同志引见，主动和他打了招呼，聊得还不错，我们两人还在广场上合了影，交换了名片，他客气地说，"你的讲话不错"。我说，我是科研战线的新手，请他多加指教，双方谈话都比较和谐自然。即使事后再见，相处也很融洽。我深感刘杲同志想得周到，提醒及时，有利于今后的工作，使我深受教益。会后有人对我说："左"先生的举动真有点不好理解，他如果对在重庆开会有意见，给出版局领导写封信表示自己的不同意见是正常的，同时给中宣部出版局长写信，就有点不同常态。特别是后来知道会期临近，时间紧迫，用电报形式直接向中央书记处常务书记启立同志反映意见，就更有点小题大做，难于理解了，似有决意阻会的意思。这其中的症结又是什么呢？一头雾水，找不到答案。我的直觉告诉我，可能是重庆出版社领导班子内部矛盾，而演化一场小风波。

这般往事，留给作者的是淡然微笑，留给历史的，却是一个故事。

作者在专事中国编辑学会的十余年间，曾经遇到过诸多不顺不畅之事，难免也显现出那时的印迹：

1996 年 10 月，研究所由余敏同志主持工作，大概当时经费相当困难。在 1997 年研究所提出为编辑学会代管财务，要收 20% 的管理费。为此事我请示了刘杲会长。会长说，这个问题过去没有考虑过，问我有什么办法。我说："这个问题来得突然，没有想到。实在不行，只好把学会的财务工作从研究所转移出来，新开一个独立的账户，由我们自己掌管，但这要报署里批准。"老刘说，这事好办，你先打一个报告送给新闻出版署。我说管财务要两个人，一个会计，一个出纳，会计可请奥林匹克出版社的会计兼任，出纳工作可请学会的工作人员兼做。至于财务主管，是否报您？老刘说，那不必，你管就可以了。我说，请奥林匹克出版社的会计兼任，如果出版社方面有为难，就要请您打电话疏通。老刘说，你就说这是我同意的，不会有问题。我回来后，先找奥林匹克出版社领导谈会计问题，王樵裕同志完全同意。我就起草了给署里的报告，报告中强调了学会搬迁，距研究所路途远，为编辑学会方便工作，需要另立账户。报告很快批复，独立开户的问题得到了妥善解决。

出现这种事，似乎是当时一些单位（一般是母体单位、上级部门）对下辖、关联单位"痛下杀手"的一个个案，也体现出后任主持工作的同志创收空间太小而使出的损招。

2004年1月20日，天津市出版局原局长孙五川同志找我商量，拟整理编纂《孙犁关于编辑工作的论述》。鉴于孙五川同志曾与孙犁同志一起工作过，有许多资料，孙犁同志又是荷花淀派的代表人物，认为应该把他的编辑思想、经验留下来，我赞成孙五川同志的意见，由孙五川同志先收集资料，进行编纂。后来孙五川同志花了近两年时间，收集、整理、编撰了5万字左右的资料（初稿）。决定先打印几十份，由孙五川同志分发给有关熟悉的同志征求意见，并请知情人补充、丰富材料，力求能出版一本研究资料，但意见没有反馈，想要单独出版一本小册子，又觉得字数太少，此事就此搁浅，未能出版。后来研究撰写编辑史的同志曾访问孙五川同志，孙五川以及其他同志手上已无法找到上述资料。此资料未能问世，总觉得十分可惜。

这事，显然有遗憾。孙局长退休后对出版史、编辑史极为用心，此事未能成就，想必也是件终身憾事。

2005年2月24日，学会接到《中国编辑》杂志编辑部负责人张福堂同志电话。电话中说：河北教育出版社为深化改革，决定从 3 月 1 日起，各业务部门自负盈亏。据此，社里不再负担《中国编辑》杂志办刊的各项经费问题。学会答复：请他代为请示当时已调河北出版集团工作的王亚民同志和邓子平社长，并将结果向刘杲会长汇报。3 月 12 日，邓子平社长专程来京，和刘杲会长谈有关问题，提出由他个人负担《中国编辑》杂志的经费问题。

刘杲会长和我商量。一是鉴于河北教育出版社现在的情况，不给经费，杂志很难持续；二是这个刊物本来属异地办刊，不是很方便，可以尝试着在北京另找合作单位。我按照会长这个意见，开始在京着手考虑合作单位。基本条件是：一要经济条件好；二要编辑力量足；三要愿意为编辑研究做点事。据此条件，最理想的是商务印书馆、高等教育出版社和人民教育出版社等单位比较合适。

……最终，是与高等教育出版社达成合作，使得《中国编辑》既可获得经费又改正了异地办刊的不妥作为。

晴耕雨读集
——出版史札记

汪家熔著，崔继新责任编辑

人民出版社 2015 年 8 月第一版

开本：：880 mm×1230 mm/32 开

字数：：307 千字

ISBN 978-7-01-014578-5　定价：：30.00 元

汪家熔晴耕雨读示后人

出版史名家汪家熔在人民出版社出版的《晴耕雨读集——出版史札记》(2015年8月版)，是我必须一睹的书。于是，循着惯例在上海书城发现并购买，花了大半天读完，感觉收录的32篇文章确有其值，佩服作者的"实话实说"，坦率、情真，所据史料丰富，说理透彻，对于近现代出版史上的一些往事、大事做了独特的研究和剖析，譬如夏瑞芳没有炒股走麦城，商务印书馆"一·二八"被毁真相、蔡元培是商务第一任编译所长、老商务40箱旧档聚散史、官书局、郑振铎与脉望馆抄校本、伪满教科书原记录等等。书中的文章，虽然之前也读过一些，现在随着作者的笔墨再读，仍然为有关出版史的一些书和一些作者感到难堪，也提醒自己，下笔须谨慎。

作者是在 2011 年六一前夕写的"后叙"，2014 年五一再记"续后叙"，版权页是 2015 年 8 月出版，等我发现已是 2015 年的年底了。读完全书，比较遗憾的是每篇文章末尾没有标出写作或首次发表日期，虽然作者在"后叙"的最后写着"几年杂凑，许有重复"。此书的失策也有一些，如把吉少甫写成吉少夫、徐伯昕误为徐百昕，在《略叙郑振铎与脉望馆抄校本》有"本文完成于 1997 年 12 月 13 日，离今已近十五年……"，不知今为何时，估计是 2011 年所添?《早期商务印书馆领导层的互补机制》写道："不久，1897 年初，商务印书馆诞生了；经历各种历练和磨难，至今 114 年，商务印书馆始终为传播文化而辛勤工作"，可能也是 2011 年编成书稿时修正?

郑逸梅为陆费逵创业编造的"经典"故事一直在"主导"出版史：辛亥前夕、商务当局与中层干部陆费逵商量教科书是否要修改，陆说不必。在若无其事地敷衍商务的同时却秘密邀请了几个关系密切的同事从事编印新教科书。民元，一套《中华教科书》赶印齐全。

郑逸梅的这段"记事"，清楚说明陆费逵是用哄骗商务印书馆，让他们走黑路而使自己成功。也就是对陆费逵发家的人品作了结论，在法律上有诬蔑的嫌疑。郑逸梅的《书报话旧》的"话"，就是明代"话本"的话，就是随便说说，是篇闲聊文字，不值得为它花笔墨。

1913年《中华教育界》刊出中华书局"合伙人"陈寅的文章，"客岁革命起义，全国响应，阴历九月十三日（11月3日），上海光复，而苏杭粤相继下。余于九月十六日（11月6日），与同志辈共议组织中华书局。良以政体改革，旧教科书胥不适用，战争扰攘之际，未遑文事，势所必然。若以光复而令子弟失教，殊非民国前途之福也。协商数日，遂定议，一面编辑课本，一面经营印刷发行事宜。"中华书局第一套教科书（中华教科书）共22种，陆费逵和戴克敦仅在三本书中"等阅，未曾参与编撰"，而且第一套教科书不仅不是在1912年年初"就全部完成"，而是1912年年底到1914

年 4 月还有新书出版。由此得出结论，陆费逵没有敷衍商务，《中华教科书》也没有在民元赶印齐全。

出版史文字里有不少不加考据陈陈相因的文字。譬如说夏瑞芳，至少就有两件事一直以讹传讹。一是 1946 年从蒋维乔开始的，说夏瑞芳想发财，在张元济还没进商务前他买进一万多块钱一塌糊涂的译稿，出版后卖不动。一是郑逸梅说他 1910 年投机股票，亏损而卖掉商务印书馆的房产，因而商务印书馆经济乏力，给陆费逵以开办中华书局的机会……

至于夏瑞芳如果股票投机失败，他怎样能卖商务印书馆的房产抵账——商务印书馆一直是股份公司，1903 年秋天与日本人合资。按公司法，不动产买卖是要经过董事会的，1910 年一个经理有什么权力处置公司财产来弥补个人损失！

9 卷本《中国出版通史》的民国卷最初讲人物的一

章里，居然没有提到张元济这位近代出版史上最重要的人物和邹韬奋这位现代出版史上最重要的人物半个字。汪家熔说，王仿子先生审读稿件后大为不满，后来才由博导的学生添写了一些内容。

我曾经在上海古籍书店翻过这套由国家资助而成的大书，但终也没有购买，为什么呢？

2010年元月，张元济孙子张人凤在《济南大学学报》发表《蔡元培为商务印书馆第一位编译所所长说质疑》寄给汪家熔请"家熔先生指正"。可是，答复稿寄《济南大学学报》后却以"不符'为尊者讳'的原则而枪毙了"。现在，这篇《蔡元培确是商务印书馆第一任编译所长——答张人凤先生》也收在书中了。文中，作者解答了不少也曾为我所疑惑的事情，尤其是张元济与民国要人的交往。有一些一直是被屏蔽的，也因为被屏蔽而显得不真实。

1937年3月底上海市长吴铁城转任，4月1日菊老有贺信。1937年4月7日《百衲本二十四史》刚出齐，9日菊老就以他个人名义送"国民政府行政院长汪兆铭"即汪精卫一部。还告诉汪说是他"费十余年之心力，为之校正"，"谨呈一部，伏祈莞存"。又说："再，如能接见，颇思一谈，乞电谕。"11天后又有信："于役金陵，获聆教益。藉审起居，欣慰无似。"这似乎不能说明是和掌权的革命党"拉得很开"！1933年有一次有人谋刺蒋介石，刺客弄错了，伤了汪精卫。菊老即刻去电慰问。

还有更高一筹的中国国民党主席蒋某，也是《百衲本二十四史》一部，兼附书椟，正值夏天，送到庐山；信里特别说"元济生当鼎革，禁网宏开"。时在1937年6月25日。其实谁都知道当时是文网满布之时。又有一信提到"庐山把晤，快领教言"——蒋比张小21岁而用"快领教言"！到避暑胜地庐山"领教言"也算"拉开"。

商务曾有120箱（60 cm×55 cm×60 cm）的档案

留在上海（河南路商务印书馆旧址），1958 年因为给新华书店腾房子，这 120 个箱历年档案分三批运到北京。第一批 40 箱 1958 年运回，第二批 40 箱账册是"文革"后运回的，最后 40 箱装的是何时运回？作者没有讲。第一批运回后，商务印书馆成立馆史组整理其中的档案性文件，1962 年在创馆六十五周年之际，以此为主举办了一次馆史展览。

汪家熔说，美中不足的是，没有收好尾：从各箱中抽出的展件，没有回原箱。等到"文革"，这 40 箱档案被举报为"敌档"而从食堂后半截搬到了二楼秘书科打印室对面的小会议室。1971 年，随着北京实施"疏散"，已在丹江口五七干校的汪家熔等回到北京奉命转移书籍资料时却发现"以前在小会议室的四十个箱子中以案卷形式旧档案全部散落在她（李新我）原本的办公室，堆成一座山；或者说为了要那四十个箱子，从对面小会议室将四十箱旧案卷全扣在了那儿。"那些箱子用来装原先陈列在阅览室的各种文字马列经典全集了。

2014 年 4 月 28 日，汪家熔在中华书局购得一册

《好书之徒》，书中有商务旧档漫谈之一之二，"前几年商务印书馆的部分旧档散出（熔按：当是 2003 年粉刷办公室时所散出）……"

大概这就是最初运回北京的 40 箱档案的最终结局。中间的过程怎样？也许已不重要，但最终当废品处理掉了，却是实在不该，也不知其余 80 箱安在否？

不过，那些股东会记录、董事会记录、编译所职员名录等没有回原箱的档案，可能就因为 1962 年馆史展览后没有"归位"而没有随之售出。

存牍辑览

范用编，王竞责任编辑

生活·读书·新知三联书店 2015 年 9 月北京

第一版

开本：：720 mm × 1000 mm/16 开

字数：：150 千字

ISBN 978-7-108-05469-2　定价：：65.00 元

范用存牍不易，留下的是怀恋

在年末一个阴湿的下午，拜读了范用编的《存牍辑览》(三联书店，2015年9月版)。曾在多种媒体读到此书的推介，近日受邀在苏州参与苏州市文广新出版局优秀实体书店评选时，参访文化市场的弘文书店，看见就买下了，承店主好意还打了七折。苏州文化市场，比上海现在静安区的书刊交易市场热闹多了，各种类别的书都有，我在弘文书店还买了一本《爱书的前辈们：老三联后人回忆录》。

《存牍辑览》是一本奇书，三联书店原"当家人"汪家明先生在此书"编后记"中记载，"熟悉范先生的人都知道，他平生编书的传奇中，其中一奇，就是保存了两千多封作者的来信——不是一般的保存，而是像档案整理那样，一封封贴在自制十六开的牛皮纸本上，总计五十二本；每本封面编号，并在正中贴一邮票（未付邮的），作为装饰；封二写有本册所存通信之人名录，是范先生一笔不苟、秀气的钢笔字；封底也有同样手写的名录，许多人名片上画了红圈或打了红钩，表示其人已经去世。"

范用先生用了五年的时间从中抄出103位作者的375封信编成《存牍辑览》，"抄写同时，进行编辑加工——对一些旁人不明的词句加以注解；对一些套话或无意义的段落斟酌删节；对一些难认的笔迹作出判断。"

读着这样一本厚实的书，不免伤感，为那些已经离世的写信者，为那个范先生。

晚年，寂寞无奈中的范先生抄写这些信函时，也已八十多岁了。老友一个个地离世、老伴去世"愈到晚年，他的肺气肿、哮喘病愈厉害，呼吸粗重频繁，身骨日见虚弱；……喜欢吃的东西，吃不下了；喜欢喝点洋酒的习惯放弃了；唯一余下的，就是对书的爱好。"汪家明先生写道："抄这些信函，也是对自己经手的书，因书交往的人，发生的事的一种怀恋和思念吧！抑或是对自己为书籍的一生的回顾。"

出版家赵家璧先生 1987 年 12 月 3 日致信范先生时写道：

　　巴金是我的老友，可惜"文革"期间，因故对我发生了误会。现在出了新书，还是互相签赠，来往已经很少，这是我六十年编辑生涯中最大的遗憾。可能你还不知道这件事。你说这可能是他的封笔之作，但他对北京三联和对你这位出版家的深厚友情，我是能够体会而且非常羡慕的。我默默地祈祷他健康长寿，再为北京出本文集。

这件事，不知范先生是否知道？知道了也许对于"文革"史料是一个佐证。后来，这类轶事都被屏蔽了。

散文家柯灵 1985 年 4 月 30 日在信中写着：

　　昨日复旦大学中文系教师殷仪、黄乐琴信，她们是《周木斋研究资料》的编者，搜集木斋遗作，得杂文二百余篇，都二十万言。木斋为人谨严，人格卓荦，尤为庸流所难望，徒以早夭，不为世人所知。且因鲁迅先生谈"何家干"笔名时，有"王平陵告发于前，周木斋揭露于后"，深滋后生误解，视为"反动文人"同俦，更是旷世奇冤。在三十年代杂文家中，木斋的成就，实不在有些虚名者以下，不知所编杂文丛书中，可为木斋遗文留一席地否？鲁翁一言兴邦，受之者终身受用，津津乐道；而一言丧邦，往往使受之者沉冤莫白，鲁翁当然不负责咎，而持平求实，责任在后人，您以为然否？

经过"文革"的磨难，柯灵先生的思考和认知一直是很锐利的，虽然这种锐利的思考往往难见诉于公开出版的报刊，以致后人们只能在书信中获知片言只语。虽然感觉不够，但也体现出先生的睿智。

藏书家唐弢 1973 年 11 月 27 日的信中记叙了一段四十年代在上海的往事：

上海的人大批往大后方去后，我因为在邮局当拣信生，没有离开，以后一面参加工人运动，一面在业余做点文艺工作。其时领导文艺工作（党内）的是王任叔，即到了所谓"孤岛"时期了。你那天谈起胡愈老办复社的事，任叔也出力不少。出面主持的是愈老、振铎，还有一个张宗麟（我不知他去向），实际负责编辑工作的，倒是王任叔。记得译《西行漫记》时，他要找人，我把邮局里一个叫王厂青（原名蔡志清）的也推荐给他，参加了部分翻译；后来编《鲁迅全集》，也是由他主持，我们七八个人当校对。我在邮局是三班轮值，一下班，就赶往霞飞坊许广平同志寓所，在亭子间里赶校。老蒯也是其中之一。在三个月内赶出二十册书，错误舛谬实在不少，以后读到，真是汗流浃背，但此情此景，如在目前。几个上了年纪的人，如果把往事聊聊，互相对证，作为文化史，或许说得好听一点，作为文化斗争史，实在还有不少材料可说也。

可惜，这样的事一直没有做。后来，老人们复出后忙着各自的工作，各自回忆或口述，因为没有"聊聊、对证"而出现了很多自溢之辞或不详之说。

同样，作家萧乾先生在1997年10月17日信中写着：

范用兄：

谢谢您的来信。我们二人经历至少有一处相似，我十五六岁，曾在中国最早（当时几乎是唯一的）新书店北新书局工作过。我校对过《语丝》及鲁迅先生的《呐喊》，冰心的《寄小读者》以及刘半农等人的早期著作，给鲁迅、冰心送过稿费。但后来我当了新闻记者。

仍希望您动手，早日动手，写回忆录。我希望活到它出版的那一天。

依旧可惜，萧乾先生没有详细回忆那个年代的往事，范用先生也仅仅是以这本《存牍辑览》作为他对于这个世界的最后贡献。

张允和先生以下两封信写得真有趣：

昨天（1966-04-23）得到您的大札十分感动！

……

您的来信我很感兴趣。信里称呼我为"允和先生"，信封上称呼"充和先生"，为什么为我加一顶帽子，这世界扣帽子可危险！幸亏加了帽子还是自家人，我的四妹"张充和"。

还有我家住在"后"拐棒，不是"前"拐棒。您"前后"不分还不要紧，如果左右不分就要成问题了。

您可能信封、信是两次写的；一次"酒醉"一次"酒醒"。哈哈！

"十足糊涂虫，'前后'拎勿清。"可是你很歉虚，"一事未曾夸耀过，祖宗原是范希文"。

祝

您"一本正经""十足糊涂"。

张允和

1996 年 4 月 24 日

范老：

我说您"十足糊涂"，可我也糊涂。

我给您的信上，错了两个地方：

（1）1966 年应为 1996

（2）歉虚应为谦虚

我这个糊涂虫，可能比您还高一筹！哈哈！

请您多多提意见。祝

您好！

张允和

1996 年 5 月 9 日

同样的糊涂也被张中行先生揭露了，张先生 1990 年 12 月 19 日在信中大加夸赞范先生外孙女绝妙文章后写着："如喜欢吹毛求疵，文亦有小遗漏，拾遗，似可加'他很精细，有时也马虎，如有一次发贺年片，就把王蒙爷爷的装在张中行爷爷的封皮里'。"

年老而有些糊涂，也是正常，只是在诸多名家笔下，这些糊涂事却已变成有趣了。

因为只是单程收信，既没有范先生的对应信函也未见编纂时的追忆，使我等后人由此也感觉着些许的遗憾。毕竟，鸟依然飞过，天空已经留下曾经的痕迹。这种痕迹淡淡的，在这个雾霾的氛围中，我们早已难见其踪迹了。

此书编入了一个"通信人简介"，这是一件比较不容易的事，也是容易出错的事。现在，我读出了胡愈之曾任"新闻出版总署署长"，显然是个笔误。胡愈之那时出任的是出版总署署长。另外，我买的这本书还是倒装缺页的，在P263—297之间填入了重复的P247—262。

读完此书，给我一个启示，往后要研究新时期中国出版史，香港三联书店等港台地区出版的大量内地名家著作不可忽略，虽然有些书后来已有内地版，但不少仍被删节、斧正，以至于"只要能出"就行了，这种状况应该引起研究者的关注。

难忘的书与人

汪家明著，詹那达、李学军责任编辑

生活·读书·新知三联书店 2014 年 1 月北京

第一版

开本：：880 mm×1230 mm/32 开

字数：：199 千字

ISBN 978-7-108-04832-5　定价：：31.00 元

难忘的书与人

汪家明 著

生活 读书 新知 三联书店

难忘的人中有孙犁

读完三联书店原总编辑李昕的《做书的故事》，接着读的是汪家明的《难忘的书与人》(三联书店 2014 年 1 月出版)，汪家明也曾在三联书店任副总编辑、副总经理，后来到人民美术出版社任社长直至退休。

家明是我的本家，见过几次但不熟。不过，由他创办的《老照片》无论是否他当家，每期出版后，都会由编辑寄赠我主编的《中外书摘》的责任编辑，于是，我可以不买而享读，自然也不能不摘，实在也值得摘，如果不是我曾限量每种书只能选摘一篇文章，那每辑选摘个二三篇应该是没问题的。曾经，《中外书摘》与《老照片》还交换过广告。差不多同时，山东人民出版社有《经济学家茶座》等茶座系列，后来却没有声音了。《老照片》还在。

我办了十年《中外书摘》，家明办了八期《成长文摘》。在这本书的卷首"写在前面"中记录着：

"《成长文摘》是朱正琳的主意。在一天夜里，我们聊到凌晨 3 点，决心把这份办给心智特别活跃的高中生以上读者看的杂志做起来。朱正琳利用他的影响力，组织了一支荐稿队伍，几乎网罗了当时所有的文化英才，还延及海外文人，请他们将目力所及的好文章，尤其是一些深入浅出、适合中学生读的文章，推荐给《成长文摘》。这些文章曾经影响了荐稿者自己，也有可能作用于读者。《成长文摘》办了八期，有了一批忠诚度很高的读者，但每期只有可怜的五千册，随着我离开那家出版社，不了了之。过了好几年，仍有读者来信问它的情况呢……"

面对家明的坦言，我有些可惜。只是，办文摘还比书摘好些。

作者难忘的书与人中，一位是范用先生，写了《叶雨书衣》《为叶先生编书》《书痴范用》等篇章，写出了范先生的豪情、智慧、无奈，乃至落寞等等。因为我也多读了一些范先生的自撰自编乃至同人后人写的大作，对于范先生也算比较了解了。其次，难忘的是孙犁先生，也是在这本书"写在前面"中，作者有一段是这样的：

"令我深深遗憾的书，莫过于孙犁的《芸斋书简》。《芸斋书简》是孙犁数十年的书信集，分上下两卷。他是一个不喜欢见人而喜欢写信的人，也是一个珍惜自己文字的人。晚年，他请朋友帮忙收集自己的信件，前后多年，并多次在与朋友通信中，感叹没有出版社愿意出版。直到1997年秋，由我责编、蔡立国精心设计的《芸斋书简》终于出版。我专程去天津送书。孙犁当时八十四岁，已封笔两年，大多时间躺在床上。书交给他时，他似乎十分冷漠，随手放在床头柜上。《芸斋书简》印七千套，销售不理想，最后打折处理了。"

　　整本书共有四卷，第四卷收录《陋室里的弦歌》，以 30 页的容量介绍了家明读孙犁的书、编孙犁的书、写孙犁经历、品孙犁作品的大作（以字数论，超过了写范用先生的三篇的总和）。

　　读着作者写孙犁，使我产生共鸣。我读过并一直藏着孙犁的众多作品。1981 年 6 月河北人民出版社出版的《耕堂杂录》，是 1983 年 12 月 13 日在上海松江县新华书店栈房发现的；百花文艺出版社从《晚华集》到《曲终集》，我买的每种都是第一版第一次印刷本。《尺泽集》是 1983 年 7 月 17 日在长沙五一路新华书店购买的。那次，是因为从报上看见湖南慈利中医院有化脓灸治疗哮喘的独家秘笈之后，独自从上海经长沙奔向慈利求医，多承"天下新华是一家"，由新华书店上海发行所同事的介绍，我通过湖南省新华书店业务科邓敏聪、宣传科刘运良、马元等诸位的相助，在慈利求医的三周时间里获得慈利新华书店同事的照顾，包括为我烧鱼汤和做一些不辣的菜……

1992年底，百花文艺出版社出版了皇皇八册《孙犁文集》（珍藏本），限量印行二千册。出版社社长和一位女编辑郑重登门，把用纸盒包装的样书送给孙犁。孙犁认为"这是一部印刷精美绝伦的书，装饰富丽堂皇的书"，他非常兴奋，有好几天站在书柜前观看这部书。

　　渐渐，我的兴奋过去了。忽然有一种满足感，也是一种幻灭感。我甚至感到，那位女编辑抱书上楼的肃穆情景：她怀中抱的那不是一部书，而是我的骨灰盒。

　　我所有的，我的一生，都在这个不大的盒子里。

　　　　　　　　　　——孙犁：《题文集珍藏本》

这套《孙犁文集》我也捧了一套回家，山东画报出版社出版的《耕堂劫后十种》（责任编辑汪家明）我也买了一套。

虽然重复，我也不讲究版本，但因为一直喜欢，就多买了几本……

多年后，读家明论述孙犁的大作，我会不共鸣？

家明迷恋孙犁，始于 1983 年读了《尺泽集》。这与我读的时间差不多。但是，读书是否得法，是否改变人生，家明是个榜样。时光过了 35 年，我却依旧。

1997 年，家明通过朋友结识了孙犁研究会的秘书长刘宗武：

此后又二年，刘宗武做了大量校读和收集整理图片的工作，纠正了旧版中一些错讹。经多方征求意见，套书定名为"耕堂劫后十种"。耕堂者，孙犁晚年自命斋名也。我把自己 1983 年起购得的九本书，加上刘宗武送我的《老荒集》，作为底本，送到印刷厂照排。没想到，清样送来时，见工人为了打字方便快捷，把我珍藏多年的书全部拆开，而且在上面用圆珠笔画了许多标记。真是惨不忍睹啊！为此，我心疼了许久。在这些被肢解的书的扉页上，均记有我当年购得时的喜悦之情，记录着我精神生活的历程⋯⋯

《耕堂劫后十种》总计约一百三十万字，我一字一字，编了两遍。后一遍，我选了较完整的时间，不去办公室，就在家里，天天校到深夜，不觉其苦，反而觉着是种享受。这是纯正的美文，其中有些称得上是不朽之作。透过这些文字，我分明看到了一位坚守文化传统的老人，他情感丰富却又刚正执拗，不掩饰自我，也不为别人掩饰，常常显得出格，非常个性化。我分明感到，这样的作家，这样的作品，是很不"时髦"的，是孤傲而寂寞的。孙犁曾接到一位读者的来信，批评他在报纸上发表一些写给别人的信件，是在浪费读者的时间。接此信后，他心情况重，写信给一位朋友说："我也没有给他回信，怕再浪费他的时间。"

《耕堂劫后十种》出齐后，1999 年 9 月 16 日，我专程赴天津给孙犁先生送样书。自 1998 年 10 月 16 日，他因病重住进天津医大附属总医院，已整整十一个月了。书送去时，他躺在床上，没睁眼，护理人员叫他，他也没答话。我把书放在床边的柜子上，默默地看着他。他瘦极了。放在被子外面的两只手，因为瘦，显得修长。

我很想知道，他对这套书的看法。但这是一种奢望。他早已封笔，如今更是不读、不看、不言，似乎对一切都失去兴趣。

1985年10月国庆休假日，孙犁先生曾自认为时日不多，对自己的藏书有所交代，他对儿子孙晓达说：

"书，这种东西，历来的规律是：喜欢它的人不在了，后代人就把它处理掉。如果后代并不用它，它就是闲物，而且很占地方。你只有两间小房，无论如何，是装不下的。我的书，没有多少珍本，普通版本多。当时买来，是为了读，不是为了买古董，以后赚钱。现在卖出去，也不会得到多少钱。这些书，我都用过，整理过，都包有书皮，上面还有我胡乱写上的一些字迹，卖出去不好。最好是捐给一个地方，别糟蹋了。

当然捐献出去，也不一定就保证不糟蹋，得到利用。一些图书馆，并不好好管理别人因珍惜而捐献给他们的书。可以问问北京的文学馆，如果他们要，可能会保存得好些。但他们是有规格的，不一定每个作家用过的书，都被收存……"

1995年1月30日，孙犁先生完成了晚年写作十本书的计划，为《曲终集》写的后记结尾说：

"人生舞台，曲不终，而人已不见；或曲已终，而仍见人。此非人事所能，乃天命也。孔子曰：天厌之。天如不厌，虽千人所指，万人诅咒，其曲终能再奏，其人则仍能舞文弄墨，指点江山。细菌之传染，虮虱之痒痛，固无碍于战士之生存也。"

同年6月7日，孙犁先生给吕剑的信里写着：

人到老年，最好不问世事，少写文章，这部散文（指《曲终集》——笔者注）出版，也不再印书。……

借着汪家明难忘的书与人，我在某个夜深之晚得以打开思路。回味着展读孙犁作品 37 年的漫长岁月，虽说往后还会读，但终也学不会文中的那种韵致，包括那种从容、矜持、高雅……

一个书店经理的自述：
乐做新华卖书郎

郑士德著，许艳辉、庞元责任编辑

中国书籍出版社 2019 年 5 月第一版

开本：789 mm×1092 mm/32 开

字数：207 千字

ISBN 978-7-5068-7295-9　定价：68.00 元

一个书店经理的自述：

郑士德 著

乐做新华卖书郎

郑士德记忆中的发行要事

2021年的国庆长假，起初想着有很多时间可以做很多事，但四五天过去，却几无成绩。于是，抓紧整理了书堆，聊以安抚自己。在书丛中发现了郑士德著《乐做新华卖书郎》(中国书籍出版社2019年5月出版)，购买后曾翻过，现在重新开卷，也可补国庆长假之缺憾。

1928年出生于黑龙江宁安的郑士德，1946年4月参加革命，历任东北书店多家分店经理、新华书店哈尔滨分店经理、新华书店总店副总经理、《图书发行》总编辑、《中国图书商报》首任总编辑、中国书刊发行业协会首届常务副会长兼秘书长、顾问等，是书业前辈，我与他相识于1986年，为筹备全国新华书店职工书法、绘画、摄影作品展。后来，虽然联系不多，但其著作

《中国图书发行史》(第一版)和增订版先后被摆放在显眼的书橱中，是常翻常有得的专著。

《乐做新华卖书郎》是一本自述，列入"口述出版史丛书"，由中国新闻出版研究院在2013年实施访谈。

小郑1946年18岁时开始从事出版发行工作，1947年1月获任东北书店牡丹江分店经理，1948年10月任东北书店合江省分店（也称佳木斯分店）经理，1949年4月调任哈尔滨分店（又称松江省分店）经理。

东北书店是中共中央东北局宣传部领导的出版发行机构，1945年11月在沈阳成立，1946年6月定址佳木斯，定名为东北书店总店。1947年7月总店迁至哈尔滨，1948年10月迁至沈阳，1949年7月经中宣部批准改称新华书店。1950年至1954年，小郑一直在东北新华发行部任秘书（那时的秘书相当于秘书长，直接领导发行部的各个科和沈阳市三个门市部），发行部主任由副总经理周保昌兼任，在这段时间的工作中，值得记忆的是：

1948 年，我在牡丹江分店工作时，课本发行曾实行"先收款，后发书"，对于解决印制课本的纸张价格猛涨、减少课本出版亏损问题，发挥了一定作用。1949 年秋季和 1950 年春季，东北全区分支店课本发行普遍推行"先收款、后发书"。

东北人民政府教育部部长车向忱是著名教育家（民主人士），他不同意我们书店"先收款、后发书"的做法。我刚调任发行部秘书就遇到这个棘手问题。东北新华书店总经理李文派我到教育部向车部长汇报并解释为什么"先收款"问题，但是车部长仍不同意"先收款"。后来，我提议实行预订合同制，即当地书店向学校发行课本，必须保证及时足量供应；学校应向当地书店预订课本，预订数量要准确，不能多报数少要书，如果订数少可以追加，但要拖长供书时间，影响教学。因此，各校预订数要尽可能准确，学校与当地书店要签定预订合同，互守信用。车部长对预订合同制表示赞同，要求我代拟《东北人民政府教育部、东北新华书店关于实行课本预订合同制的联合通知》，发给东北各地教育局和各地新华书店，我们总经理李文也同意这个办法。

从 1950 年秋季起，中小学课本发行在东北全区最早实行预订合同制，效果很好，市县教育科、学校、书店都很满意。

这种先预定、发书再收款的做法由此沿用至今，书簿费无论是早期由学生承担还是现在由国家列入义务教育阶段。

这位车部长是中国民主促进会会员，民进成员多为教育、出版界人士。解放初期由车部长主导的否定"先收款、后发书"，既符合事物客观规律又能缓解学校甚至学生的困难，实在是一件不能忘却的好事。

1952 年 3 月，中共中央决定开展反贪污、反浪费、反对官僚主义运动，即"三反"运动。"运动开始，我们听了东北局第一书记高岗的动员报告

（录音）。他在报告中点名批评了一些机关和国营企业单位请客送礼浪费现象，东北总分店也受到了点名批评。"原因是中宣部、出版总署指示总店，要在1951年发行1亿册抗美援朝书刊，东北的任务是1700万册。"我记得很清楚，当年东北只有4000万人口，发行1700万册书刊，平均不到一户就得发行一册书"。为了完成任务，增加货源，东北总分店在国营百货公司四楼就请东北人民出版社、东北画报社、东北青年出版社、东北卫生出版社等五家出版社的社长吃了顿饭，请他们多出有关宣传抗美援朝的书刊。请客由总分店经理主持，只请了一桌，我也参加了。"当年，国有单位请客多在百货公司四楼，所以高岗派人到那里一调查，就清楚了。其实，我们总分店还是注重廉洁节约的，只请了那么一桌子客却被点名批评了。"

当时，贪污（东北币）一万元的，作为反贪污的重点"老虎"，群众揭发检举出四个嫌疑人。经过内查外调，其中有三个人被否定，只发现一个

"老虎"是供应科每天运送图书包件到火车站办理发运零件的张纯忠。他跑车站发运图书包件要动用现金。"打虎队"经过查账，发现他支出的现金比各种票据合计金额多一万多元（东北币）。经反复追问，他承认自己贪污了，但很快又翻案了。追得紧他就承认贪污，过了几天又翻案。最后，作为态度不老实的老虎典型，被判了刑。一年以后（约1953年初），根据党的"三反"运动纠偏政策复查，凡属于错账的不等于贪污，张纯忠贪污问题得到平反。

他从密山劳改队放出来，回到总分店，又继续安排在供应科工作。他被平反，我感到内疚。有一次我向他表示歉意，他很高兴，到处同别人说："老郑向我道歉了。"这件事反映到党支部，支部书记潘义（总分店人事室主任、从延安来的老干部）曾找我谈话，批评我不该道歉，认为这是否定"三反"运动。其实，我没有否定"三反"运动，经过这次以"反贪污"为重点的群众运动，我受到非常深刻的教育，一辈子受益。我想，不仅我受益，参加过"三反"运动的其他人也是受益者。历史证明，"三反"运动抵制了旧社会恶习，形成了廉洁奉公的社会风气。

关于新华书店在抗美援朝时期开赴朝鲜、在全国开展募书活动等支援抗美援朝的由来，现在似乎已难以说到位。偶尔的叙述也显得"各自发挥"。老郑的口述，对于讲清这件事应该是比较可靠的。

1950年10月抗美援朝战争爆发。东北新华书店总经理李文率先从大连新华书店抽调10名干部组成随军书店携带部分图书进入朝鲜战地。当时的战争形势难以向志愿军销售图书，志愿军政治部指示他们为志愿军前线连队建立图书室，很受战士们欢迎。1951年3月，中国人民志愿军副政委兼政治部主任甘泗淇将军从朝鲜前线回到沈阳，住在东北军区，给东北总分店办公室打电话说，你们这个很好，希望你们来人，我跟你们谈一谈。办公室主任张伟直接到了东北军区，甘泗琪将军跟他说，你们书店要增加人、多带书，朝鲜前线的志愿军非常需要书，非常需要你们。

总分店立即召开店务会议，听取张伟的汇报，讨论认为这项工作非常重要，但东北总分店承担不了，得向北京总店汇报，要全国新华书店的力量来支援。我们没有那么多书，人员也要由全国新华书店来支援。店务会议决定，这件工作应该由图书发行部办理。经理周保昌在大连养病，副经理王璟指定小郑，立即去北京向新华书店总店请示汇报。

当天上午开的店务会议，晚上我就乘火车去北京。由于任务紧急，我急急忙忙去北京，毛毛草草，连介绍信也忘带了。没买到卧铺票，买个普遍车票就上车了。上车以后，座位很松，我找了个空空的长条椅子，就睡下了，第二天上午到了北京。……

我向徐伯昕请示汇报，希望总店统一组织，他表示完全赞成，主张随军书店改称新华书店战地文化服务队，所需图书由总店负责筹集，免费赠送志愿军。让我在第二天下午，找副总经理史育才听结果。大概他立即向出版总署作了汇报，总署署长当场拍板同意。第二天下午，我再次找史育才副总经理。他说，这件事由总店来办，总店将向全国各总分店组织人员，一开始没那么多书，一下子也出版不了那么多书。为解决书源问题，由总店发动全国新华书店开展募书活动，募来的书由各地分店统一寄到东北总分店。

不到半个月，由各总分店抽调的战地文化服务队集结完成，东北人民政府出版局局长李文亲自主持培训工作，在东北军区的大力支持下，全体队员换上了军装，配上了志愿军的符号，开赴朝鲜战地。同时各地新华书店募集的图书陆续发来，"我在附近的一个中学借了一个库房收储、整理和发运这批图书。我很关心这项工作，觉得不能稀里糊涂地把各地募来的书都运到朝鲜战地，得审查一遍，看看有没有不适合志愿军战士阅读的书，那些谈情说爱的书不能给战士们看，要多发运鼓舞士气的书。可是那堆积得像山一样的书，陆陆续续发来，我们科人手不足，需要拆包、整理及分类，那怎么办呢？

我们请了一批在校高中生，稍加培训，请他们大体翻一翻，规定一下原则，什么书可以送，什么书不要送。应该说，各地募集来的书多数还是适合部队看的，经过审读以后，再打包，发到安东（丹东）。

在安东，战地文化服务队安排两个人在那里跟志愿军后勤部门联系，我们发运去的图书作为军用品用军车冒着敌机轰炸的风险运过去。"

战地文化服务队共56人，45人来自华北、华东、西北、西南、山东和东北6个总分店，11人来自新华书店总店、国际书店和三联书店。由东北总分店四平支店经理王明武任队长，下分七个小队。战地文化服务队历时两年四个月，在朝鲜前线共向志愿军赠发图书 700 万册，帮助连队、野战医院建立图书箱（室）7600 多个。

志愿军战士在战斗间歇时间或坚守在前沿坑道里，阅读连环画册（俗称小人书）是他们最好的文化活动。有时，连队指导员用连环画册描述的英雄事迹做战斗动员，鼓舞士气。战士们利用美军爆炸的弹药皮，在坑道里经简单加工制成小书架，陈列"小人书"等画册、图书。"志愿军战士喜爱连环画册的信息很快反映到中共中央。党中央以抗美援朝总会的名义，拨出专款印制了 80 万册有关战斗英雄故事的连环画册，由东北总分店转运给战地文化服务队，赠发给志愿军各连队。著名战斗英雄黄继光壮烈牺牲时，在衣兜里仍揣有《钢铁战士》和苏联壮烈牺牲的战斗英雄连环画册《马特罗索夫》。"

战地文化服务队服务队员高照杰同志光荣牺牲、4 位队员负伤。1953 年 8 月，战地文化服务队随志愿军胜利回国后，得到志愿军政治部的高度评价，并且给新华书店总店寄来感谢信。此后，辽宁、吉林、黑龙江三省新华书店根据留驻朝鲜的志愿军要求，又在朝鲜的志愿军住地建立了随军书店，1958 年随志愿军回国。

1954 年，郑士德调入新华书店总店一直到离休。经过大跃进、三年困难时期、"四清"和"文革"十年，参与了国家改革开放伴随着的图书发行改革的文本起草等全过程。

老郑回顾这个阶段的总店，令人感觉难事不断。

1977 年 10 月，国家出版局在武汉召开全国图书发行座谈会，各省文化局和省级书店的负责人到会。"我起草了会议主题报告，提出五整顿：整顿领导班子、整顿发行队伍、整顿业务秩序、整顿农村发行网点、整顿经营管理。1978 年开始，总店抓了图书发行改革、图书发行学科建设两项工作，推广利润留成、开架售书、存书分年核价、经营承包、'三多一少'和'三放一联'等工作。"

1987 年 11 月，新闻出版署副署长宋木文临时抽调郑士德"按署党组的意图研究起草新的改革方案"。

　　我在起草"放开批发渠道"这一条时，已经感觉到新华书店发货店——主要是发行所，肯定竞争不过出版社自办发行（出版社批发折扣多，发行所从出版社进货，批发折扣少），发行所可能倒闭。因此，我在起草改革方案的第一稿时，加上了"发货店可以自办出版"理由是出版社可以自办发行，发行所当然应该自办出版（发行所视同出版社，靠出版利润养活自己）。但是，在署党组会上讨论时，把发行所"自办出版"否定了。在起草第二稿时，我把"自办出版"改为发货店可以"租型印造"，我将发货店为什么可以"租型印造"的理由反复向分管发行工作的副署长杨正彦说明，杨副署长表示同意，但在署党组会议上再次被否定。我服从署党组意见又起草了第三稿，终于通过。

1987 年夏，文化部召开部务会议，决定撤销总店。

"汪轶千和我参加了这次会议，汪和我在会上说明总店存在的必要性，但是部务会议仍决定撤销总店。后来，由于多方面原因，总店并未撤销。"郑士德没有写出究竟有哪些多方面原因，甚至一方面原因都没写。后人也不知道当年的文化部部务会议是怎么回事。

新华书店总店从此虽然留存了下来，却与新华书店北京发行所、储运公司合并、改制。中央一级图书发行企业"总店对全国新华书店的业务指导职能移交给新闻出版署发行局"。

当出版社开始大规模开展经销、寄销等自办发行后，总店还能做些什么？新世纪初始十年，总店经营跌入低谷，《新华书目报》成为收入的唯一顶梁柱。出版社在书目报上刊登新书目录（供各地新华书店或图书馆订购新书）需支付"条目费"。再后来，总店除了房产、仓库和离退休、待退休人员，主营业务、主流价值乃至话语权还有什么？除了"新华书店总店"这块牌子还在。

据说，总店也曾想"出版社自办发行，发行也应该自办出版","我以总店名义写报告申请公开出版，新闻出版署迟迟未批准"，也曾考虑改制为出版社，新闻出版署也没有批准。

无奈的老郑，开始忙于编发行教材、筹建发行协会、写图书发行史，一直忙着。

补记：2023 年 8 月 27 日，郑士德同志在北京逝世，享年 95 岁。

亲历学林社 20 年

雷群明著，段学俭、吴耀根责任编辑

上海世纪出版股份有限公司学林出版社

2016 年 11 月第一版

开本：890 mm × 1240 mm/32 开

字数：200 千字

ISBN 978-7-5486-1087-8　定价：58.00 元

雷群明　著

雷群明：一个人回忆一个社

雷群明先生（同龄人称他大雷，可能是人高马大之由；年轻的叫他雷大哥，可能是人善面和；我则常尊他为雷社长、雷馆长）是学林出版社的第一批职工之一，那是1981年之初；1986年1月成为副总编辑，1988年10月担任社长，1999年10月改任总编辑，2002年1月离任（转岗韬奋纪念馆馆长）……这样几个时间点组成了雷社长二十年的学林出版社职业生涯，其间出版的书乃至遗憾等通过他的作品《亲历学林社20年》（学林出版社2016年11月出版）慢慢道来，使我等读者随着雷社长的笔触回到那个二十年，不免感叹、不免比对……而今，距离雷社长离开学林社也已十六年了，原本在学林出版社成立三十五年之际会有所庆贺，现在通过出版这本书，使读者对那个时期的学林社产生念想。

我读到的是雷社长的赠书。通过阅读，对于学林社的社前事、迁址史和二十年的遗憾事有了进一步的了解。对于书中占主要篇幅的学林社二十年精品书出版史，我自然是十分佩服的。譬如《中国历代服饰》《中国民居》《隋唐文化》《吕氏春秋校释》《金文大字典》以及"学习之友丛书""夜读丛书""青年学者丛书""中华传统文化观止丛书""人文丛书"，等等。现在我也在出版社工作，也曾企盼能如学林社那样做几本有影响力的"双效"书，但很难。而且，这种难也不是现在才存在的，当初也不是容易的事：

　　1980年12月2日，上海市出版局正式拟文上报国家出版事业管理局，要求成立一个新的出版社。由于领导同志事先参加了酝酿，情况尽在掌握之中，12月19日即得到批复同意，出版社代号编码为259号。不过，当时上报文件中提出的社名是"书林出版社"，据说上海出版局领导的意思是要把当时上海人民出版社的《书林》杂志也并给这个新的出版社，但是出版社批下来后，不知是什么原因，《书林》杂志终于没有划过来。为避免混淆，出版局马上又于1981年2月18日打了一个《关于书林出版社改名的报告》，国家出版事业管理局于2月28日以152号文批复同意将"书林出版社"改为"学林出版社"，"出版社代号不变"。1981年2月16日和3月7日，上海市出版局又分别呈文向上海市委宣传部报告，3月30日得到批复同意。这以后，出版局给了一笔启动费，7月1日，学林出版社的银行账号正式启用。

这段历史，之前我不知道。现在还知道《书林》杂志早就歇了，学林出版社也在世纪出版集团启动的综合改革中并入了上海人民出版社。

学林社一直以自创并卓有成效地推进自费出版而成为业界的典型。有关自费出版的起源、业绩和曲折等，在本书《开风气之先的自费出版》中有着较为详细的描述。学林社打响的第一炮就是自费出版。依雷社长的概括，自费出版有"三自一包"原则：文责自负、费用自担、版权自有，出版社通过书店包发行。

文责自负，是说出版社对自费图书有一个范围要求，主要接受人文社会科学方面的学术著作和纪念性的诗文集，书稿要有一定的质量，政治上必须遵守国家法令法规，符合党和人民的根本利益。

费用自理，是说自费图书出版中的一切成本费用均由作者承担，出版社另外适当收取一些管理费。当时的收费标准是：每10万字收3000元，给作者2000册书，出书后结算，出版社按生产成本收30%管理费。

版权自有，是说自费出版的书，版权归作者所有，学林社不享有专有出版权。作者的书在自费出版后，还可以拿到其他出版社出版。

出版社通过书店包发行，是说作者如果希望自己的书公开发行，出版社可以与公费书一样通过新华书店代为征订和销售，然后按照书店包销的订数加上作者自己需要的数字确定总印数，书店的销售收入也全部归作者所有。作者要求自己销售的，只要有合法的渠道，一般也会同意。

这么好的事，等到 1988 年前后，全行业出现了协作出版大潮。雷社长研判自费出版与协作出版的差异是：

一是自费出版的书稿坚持正常的三审制，特别是编辑初审的把关，以区别于协作出版的书稿只需终审的做法；二是自费出版的书稿坚持"体内循环"，即编辑、校对、印刷、发行全部由出版社控制，以区别于协作出版的书稿除了终审其余均在外面的做法；三是对自费出版书稿的范围加以约束，基本上只接受学术著作和纪念性的诗文集，而对其他方面的书稿尤其是畅销书则基本上不考虑；四是规定自费出版的书稿如果发行量大，有了盈利，则自动转为公费书处理，除了退还作者以前交的有关费用外，再按规定发给稿费，以防止作者像某些协作出版的书那样牟取过高的利润。

这个界限，学林社也是在取得深刻体会后才悟出的：

协作出版是如何产生的？我觉得它与自费出版有一定的关系。自从我社的自费出版经验在 1985 年 6 月由国家出版局发文向全国推广后，这一新的出版方式渐渐受到人们的青睐，并且在不同的环境和条件下被"创造"而逐渐发生变异。其中最重要的一条就是：非出版单位或个人介入了出版的某些环节甚至全部过程。我们的自费出版是"三自一包"，出版的全过程都是"体内循环"，而所谓的"协作出版"则是书稿的所有者（包括作者和中间商）把握了印刷、发行的整个环节和编辑的部分环节，只给出版社一个"终审终校权"（有的连这个"终审终校"也形同虚设，实际上只是到出版社走一下过场），大部分操作变成了"体外循环"，其要害是把本来属于出版社的主权和一大块利润截留去了，出版社只是拿一点零头——"管理费"。这种做法，实际上就是后来的"卖书号"的先声。但是，当时大家并没有察觉到这一点，反而认为是出版大发展的一种新形式。国家出版局在一度叫停之后，又发文肯定并推广了这种做法。所以，协作出版一度是一个合法存在，而且在 1988 年得到迅猛的发展，只是到了 1989 年，因为问题丛生，才又发文予以禁止。

1989 年 8 月，学林出版社与上海《文学报》协作出版的两本书《阴影下的男男女女》《宾馆门前的女人》被新闻出版署发文公开点名查封。之后，《手相之谜》《奇闻大观》《兽性》等也被列为"收缴销毁""查禁"。

雷社长继续写道：

当初，别人要我检讨，但我就是不服气。后来，没有人来批评我了，我却对当时的做法深感后悔。我觉得，不管那些书是否该查禁（我现在仍坚持当时的观点，认为那些书最多只是低俗，但不到被查禁的地步，特别是现在，拿我社那几本被查禁的书与我看到过的一些大作家的书、一些得大奖的作品相比，如果一定要称之为"淫秽、黄色"的话，那也绝对是小巫见大巫），但是学林出版社出版了这种低俗的书，实在也是一种耻辱，是不能原谅的。"悟以往之不谏，知来者之可追"。所以，当我自己觉悟之后，就力求以"要留好书在人间"为第一标准，不再心有旁骛了。

自从学林社成立起，我就一直关注这家有活力的小社，我的第一本书《谈书笔录》也是承雷社长及曹坚平编辑的帮忙出版的。所以，学林社从最初在绍兴路5号出版局的办公室搬至定西路710弄37号定西中学、再到文庙路120号的简易小楼房、钦州南路81号出版大楼3楼，其间也为职工解决住房困难，实行福利分房，同时也"买了几十万元的东方明珠法人股票"，一路前行实属不易。我与雷社长并学林出版社诸多编辑都相当熟悉，也互有帮助。现在，回忆学林社的搬迁史，仍然感到那时的不容易、那时的艰辛。

雷社长在本书之末回首往事时充满感慨，容我再抄一段作为结束：

几十年编辑出版工作做下来，我觉得这个职业真是太好了，简直就是天底下最好的职业。一是因为它所从事的是出书这样"不朽的事业"；二则这是一个工作的同时又是学习机会的职业，而且常常有同名人、专家切磋的机会；三则这是一个知识常学常新的职业……总之，较之三百六十行的其他"行"，这一行的优越性真是太多太多。我曾经在一篇文章中公开宣传这个思想，有人打趣地称它是我的"名言"，我感到光荣之至。

2000年，我应邀到上海出版专科学校给同学们讲课时，还兴之所至地冒出了两句被我修改过的古训，把"一失足成千古恨，再回首已百年身"，改为："一涉足成千古喜，再回首称百年心"。我庆幸自己能够在无意中得到这样一个职业，并且乐此不疲地为之奋斗终身。

美术馆东街22号：三联书店

改革发展亲历记

（2005—2014）

樊希安著，黄韬责任编辑

上海三联书店2018年8月第一版

开本：890 mm×1240 mm/32 开

字数：360 千字

ISBN 978-7-5426-6406-8　定价：68.00 元

樊希安抒写在三联那时的辉煌

三联书店原总经理、总编辑樊希安近年出版了多种作品。我现在读的是一本《美术馆东街 22 号：三联书店改革发展亲历记（2005–2014）》（上海三联书店 2018 年 8 月出版），收录从《写在前面的话》开始的 31 篇文章，没有后记也没有写在后面的话。以 580 个页码、36 万言的容量抒写了老樊在三联职业生涯的辉煌。

上海三联书店总经理陈启迪在《三联有你》的序中披露，2018 年年初，在北京图书订货会期间，"偶遇老樊"，"他说他很想把在北京三联的那段难忘的工作经历写下来，并希望能由上海三联帮助出版。我当即一口应允，并表示盼着早日拜读大作"。

老樊是诗人，也曾当过兵，还是一个东北人，是在吉林人民出版社总编辑任上跳槽加入中国出版集团，

"我到三联书店工作有很大的'偶然性',我不是自己要求来的,是组织上派我来的"。2005年7月到中国出版集团报到,8月31日被直接派到三联书店任副总经理、副总编辑,2009年1月被任命为三联书店总经理、党委书记。2014年"我由于工作需要,离开现任岗位到中国出版传媒股份有限公司任职"。于是,九年的三联经历就此中断。在股份公司副总经理的任上推了一个"中版好书百店千柜工程"。据老樊向媒体介绍,"该工程于2014年开始筹划,2015年上半年正式启动,计划用3至5年时间在全国选择100个重点书城,建立中版图书专区,在专区内以集团各出版社产品分设专柜、专架,每个专区不少于10个专柜,多则不限,100个书城预计设有中版好书专柜1500个到2000个"。2018年年初,老樊退出中国出版集团领导岗位,专职担任国务院参事。

老樊是个激情昂扬、壮志不已的出版人。充满理想、梦想的老樊在九年的三联生涯中,追寻着韬奋精神,继承着生活精神,践行着三联精神。可惜,老樊不是韬奋，一纸调任一纸调离，若干年后留下的只是曾经的老樊治下的三联故事。当然，这个故事还是可以读读的，况且这本书我是从书店买的，还花了两天休假期，读读想想便成就了本文。

2009年，53岁的老樊继沈昌文、董秀玉、汪季贤、张伟民（代总经理）之后，出任三联书店总经理。他的"三联梦"是：

关于三联书店的发展战略，我有两个梦想：梦之一是发展到一定程度，假如我们的实力、规模、人才储备允许，我们对已经发展成熟的几个分社进行重组，申请恢复生活书店、读书出版社、新知书店的名称，在三联书店出版集团的旗帜下有三个出版社的建制；梦之二是借助三联品牌的巨大影响力，通过品牌授权、加盟连锁等形式，建立数十家乃至上百家分销店、加盟店，在新华书店、民营书店之外打造三联版图书发行渠道，重现邹韬奋先生当年生活书店在全国建立50多家分店的辉煌。

2014 年被"调任"前，恢复了生活书店，成立了三联时空文化传播有限公司、三联书店（上海）有限公司、三联韬奋图书馆，建言将"倡导全民阅读"写入政府工作报告，创办了三联韬奋 24 小时书店等等。"上百家分销店、加盟店"的第三渠道却未能再现。时代不同了，韬奋的辉煌早已成为一个令人可望不可即的故事。

填"坑"：

曾经名声显赫也是我每次到京城都要去的北京三联韬奋图书中心，自 1996 年开业到 2009 年，负债总额达到 2935.73 万元，成为三联书店前进道路上绕不过去的坎。图书中心经营场地位于美术馆东街 22 号的地下一层 1000 平方米、一层 450 平方米、二层 600 平方米。"中心为三联书店下属独资国有企业，三联书店法人代表同时亦是中心法人代表。"创办之初想成立合资书店，香港三联书店投入了 390 万元。后因政策限制合资未成但 390 万元一直占用着。如何处置这一困境？

我们的最佳选择是让中国出版集团控股，由三联来经营。在这一点上，我是有私心的。我认为集团家大业大财力大，出二三千万元把已有亏空填平是不成问题的，有"亏损让集团背起来"的想法，集团把"坑"填平后，再由三联代集团来经营。为此，我多次找聂总和集团有关部门，讲三联的困难，讲我刚上任就拿出几千万元去解决中心亏损的问题，不现实，也不可能，请集团领导体恤下情，伸出援手，把这个问题解决好，使三联甩下"包裕"踏上发展的坦途。我的"苦苦求"赢得了集团领导的同情与支持。聂总答应了我，在总裁办公会上也明确"应以集团控股的方式为宜"。我真为集团的选择而高兴，看到了解决问题的曙光。

"但是"，我们中国人说话、写文章就怕这个"但是"，这个但是就使前后两句的语义发生了根本变化，会把不可能变为可能，也会把可能变为不可能，在这上面，中国人很有聪明才智。闲言少叙，书归正传。我们在实际操作中却遇到了无法逾越的困难。集团责成资产经营部负责此事。王朝东主任很积极，我们几次商量集团控股的具体方案。不管什么方案，前提都是先拿出二三千万元把亏损的坑填平。资产部管资产不管钱，用钱还得找财务部。财务部主任徐凤君对韬奋中心的现状很同情，也同意集团控股经营，但一口咬定"集团没有钱"，"集团的钱都可丁可卯，不可能拿出二三千万元去弥补韬奋图书中心的亏空"。几经沟通，也没有效果。此事一拖就是几个月，中心重组经营的事没有任何进展。2010年春节之后，王朝东、徐凤君让我和刘高源去集团，我俩以为这下问题解决了，没想到高兴而去，失望而归。徐凤君说，经请示集团领导，由集团控股经营不变，但韬奋图书中心所欠的2900万元债务，要三联书店自个填平。然后重新注册，由集团控股经营。我一听就火了："这怎么可能？我自个拿出2900万元填平，让集团控股经营，那我们自己不会经营！让集团控股经营，就是让集团拿钱填平，这转来转去，最后还得由三联出钱，那商量来商量去还有什么意义！"徐凤君也不高兴了："韬奋图书中心亏损是三联经营不善造成的，你们亏损了，让集团来背，哪有这个道理！"客观地说，徐凤君说的不是没有道理，但当时我就是想不通："集团领导定下来的事，你不执行，你还把集团领导放在眼里吗？"徐凤君说："我们说的就是集团领导的意思！"你来我去，互相较劲，心里很不愉快，王朝东主任两边劝解，冲突才平息下来。事后我去了聂总办公室，聂总说：集团也想帮你们三联忙，但财务拿不出这笔钱，只好采纳这个方案。我理解聂总的难处，不好再说什么，就表态说：那就不麻烦集团领导了，自己的事自己办，韬奋中心的重组经营还是由三联自个落实吧。聂总应允，说，那你们抓紧给集团写个报告。很快，我们的报告就交上去了。

房产：

美术馆东街 22 号三联书店编辑业务综合办公楼建成后一直没有取得房产证。而且，在 7500 平方米的空间中，中国版协、北京新华字模厂（后划归中国印刷总公司）各有 1000 平方米。要在十五六年之后办妥房产证显然是不容易的——

我们三联书店不仅办下了房产证，而且借办证协调之际，通过同中国印刷总公司协商，把原属字模厂的面积为 1000 平方米的北配楼转让给三联。这一方面扫除多头办证的障碍，另一方面也扩大了三联书店的资产。因为协调解决时还没有办房产证，房价压得较低。1000 平方米才 2700 万元，平均每平方米 2.7 万元。最后在拍板敲定时，对方看我们真诚、热情，又抹去 30 万元，以每平方米 2.67 万元成交。现在，美术馆东街这个地方每平方米已达 11 万元，仅这一项，我们就为三联书店增加了价值 8000 万元的资产。在协商解决这一问题过程中，总经理助理、财务部主任刘高源也协助我做了不少工作。

2011年我最高兴的事是，在刘高源同志协助下，以不到2.5万元一平方米的价格拿下中印公司原字模厂出租给北京银行办公楼的1080平方米房产。从知道信息到双方协商、召开职代会通过、经集团公司批准，到最后签订协议，一共只用了40天时间。当年12月13日签订协议并约定首批款项支付时间，我松了一口气，一连高兴了好几天。机会难得啊，因为对方年终结算利润需要这笔房款填补，我们通过多方努力，采取多种措施，紧紧抓住了这次稍纵即逝的良机，终于把它拿下了！不仅增加了房产，而且有利于办下整个综合业务楼的房产证，还能出租房产取得收益，真是一举数得啊。

读着这两段，前者写在《憾无平地起高楼》，后者写在2011年述职报告中。不知中国印刷总公司看到这里是否会"吐血"，那些中国印刷总公司尤其是字模厂的老同志知晓这些，是否会"气昏"？

老樊任总经理后，对出版和经营工作负起全面责任，政治这根弦绷得更紧：

我们首先从选题上把关，对违反规定不得出版的选题坚决拿掉，这方面典型的例子是龙应台的《大江大海1949》。这本书已在台湾出版，龙应台给我和李昕提出，想在三联书店出版，因为此前我们已出版了龙应台的《目送》《孩子你慢慢来》等书，双方有比较密切的合作关系。我们对此很慎重。我和李昕都认真阅读了龙应台惠赠给我们的样书，一致认为这本书基于作者的政治立场，有强烈的政治倾向问题，不宜在三联出版。当我们把这个消息告知龙应台时，她很失望。后来龙应台系列在三联合同期满后，作者不愿与三联继续合作续签合同，这无疑是一个重要原因。李昕过去著文说过这件事，我也有同感。按说三联在大陆捧红了她，她应当感谢三联才对，何以如此绝情，很难找到其他方面的合理解释。

不仅如此，我们对没有政治倾向问题的书稿也严格审读，发现其中的问题及时处理。仍以龙应台作品为例。

龙应台的《目送》，主要写亲情，作者是名作家，又是写牵动每人心弦的亲情，出版后在台湾岛很是畅销。在大陆寻求出版时，多家出版社竞争，最后花落我店，已与作者签订首印5万册的合同。我们店是把这本书作为重点图书出版营销的。发排在即，责任编辑张荷和主管店领导汪家明在审稿中发现一些不宜之处，已做了处理，只有《国家》篇比较棘手。删去个别词句，不解决问题；删得太多，则损害文章原意，不尊重作者；而要删去全文，须征得作者同意。家明说，他审了一下，觉得此文照发不太妥当，作了个别语句的删减，但仍拿不定主意，让我审一下给个"裁决"。

我反复看了数遍，琢磨来琢磨去，最后决定还是删除。为何如此，主要是因为龙应台的这篇文章，关涉到一个重要而又敏感的话题——"国家"，国家并不复杂，但一关涉大陆、香港、台湾三地，事情就复杂起来。

先说香港。龙应台文中说香港人缺乏国家意识，比如说"返港"不说"返国"，这是符合实际的，但说"香港不是什么国，而且，不属于什么国"就不符合实际了。香港缺乏国家意识，这是历史造成的。香港百多年历经强割、殖民、回归，沧桑巨变，形成了一个自由港。香港成了一个国际地标，港人进进出出，自然以出港回港名之。但是，不等于说他心中就没有国家，或者说根本不知香港的归属。即使有的港人真的不知道香港的归属或有意混淆那也不要紧，比如一只鸟儿落到树上，它不知道树的根在哪，但树确实是有根的。香港自古以来就是中国领土，是中国的一部分，这是实实在在的。由于特殊原因和约定俗成，香港人说"返港"不说"返国"很正常，若将"返港"说成"返国"倒不怎么正常了。顺便指出，龙女士文中将"香港"和"中国"并立是不妥当的。香港并不在中国之外，其对应以"内地"适宜。

再说台湾。龙应台说"台湾人可大大不同。人们总是在'出国''回国'"，这确乎如此，也很正常。台湾民众的确对台湾有国家意识和感情，但不等于说台湾本身就是一个国家。台湾民众将台湾视为"国家"，这同样是历史原因造成的。蒋介石在中国大陆失败后退守台湾，是以"中华民国"的名义在台湾行使所谓国家权力的。他们设有"总统""行政院""外交部"，继续沿用中华民国的纪年，完全是一个"国家"的框架，因此它会给民众一个国家的意识和概念。但这个国是"民国"，是"故国"，是"休对故人思故国，且将新火试新茶"……"故国不堪回首月明中"所言的"故国"。作为中华民国的"残存体"，蒋氏父子苦心经营，强化了台湾的国家意识。说"回台湾"为"回国"很正常，因为人们因袭了历史遗留的国家概念，但并不等于说台湾就真的是一个独立的国家。台湾自古以来就是中国领土的一部分，由于特殊原因骨肉分离，是人所共知的历史事实。我们尊重台湾民众的意识和感情，我们同样尊重事实。实际上，台湾民众虽然说"出国""回国"，但他们内心深处都知道这个"国"是怎么回事，他们的根是扎在哪里的。早日实现祖国统一，是包括台湾人民在内的全国人民的热切期盼。

为了避免引起读者误读，还是以删除为宜。因为如上所述，由于本文的基本立意和框架，个别删改是很困难的。所以这样做，实事求是地说，并非单纯来自于意识形态方面的有关规定，而是作为出版者的理性思考与价值判断。有同志问我："如果龙应台不同意'删除'怎么办？"我回答："宁可不出此书！"好在经过两天等待，收到了她的八字回音："极为勉强，但暂同意。"一方面表示了不太乐意的意愿，一方面也有"暂且如此"的表态。对此，我很欣慰。求同存异，我们对《目送》的出版可照常进行下去了。

有的图书没有明显的政治问题，但又不能说和政治无干，我们对此也慎重地做出决定。比如李敖先生出了一本书，名曰《阳痿美国》，已在台湾出版，意欲交由三联书店在大陆刊行。从内容上看没问题，重点在铺排历任美国总统的"偃事"，揭露美国政界的黑暗，但书名"有碍观瞻"，用类似于攻击生理缺陷的方式，既不雅观，也不恰当。我们尊重李敖先生的表达方式，但这样做不是三联的风格，恕我们不能依照此名出版该书。我告诉李昕总编辑：如作者同意改书名，我们可以安排出版。后因李敖先生坚持原书名不变，且态度强硬，我们只好舍弃。后听说李敖先生因为我们不出此书，在一些场合说三联"不敢担当"，对此我们一笑置之。

四化：

创新是不竭的，老樊的"四化"建设是值得同行借鉴的：

一、意识形态的软化。我们国家是社会主义国家，我们的意识形态是有中国特色社会主义的意识形态，这和西方国家有很大的不同。唱响"共产党好、社会主义好，祖国好"的主旋律，即用先进的理论武装人、用正确的舆论引导人是必须坚持的，但是对外输出的读物，就不能用这么硬的调子。这不是弱化，而是要"软化"。如同把硬水过滤成软水，把广告做成软广告，把我们的价值观，把"三个好"体现在具体事务中，让人容易接受。否则，人家会认为你是在说教，是灌输，是用你的价值观取代人家的价值观，就会有一种抵触情绪。要"软化"，就有一个粗粮细作的功夫，改变表述形态的功夫。

二、传统文化的"优化"。中国传统文化博大精深，这是"走出去"的基本内涵，但在内容选择上要注意"优化"。所谓优化，就是要突出精神性、文化性，中医藏药，推拿按摩，饮茶炒菜，固然受欢迎，当然也很重要，但重要的还是应突出我们的精神、学术、理念，这种走出去才是长期的，有深层意义的，对人的精神世界构成影响的。再就是精神性东西里面，要选择优秀的东西，来一个去伪存真，把好的东西介绍给人家。如宣扬和谐、仁爱，而不能去宣传官场潜规则和厚黑学；宣传科学，而不是介绍算命打卦装神弄鬼。再就是内容上的新颖，而不能总是在《十三经》《四库全书》、四部古典文学名著等方面做文章。

三、中国特色的强化。只有传统的，才是民族的；只有民族的，才是世界的。在创新过程中，我们特别突出中国特色、中国独有。特色就是品格，特色就是生命。在输出的内容上，一定有中国特色，形式最好也要有中国元素中国气派，不能抹煞个性去和国际接轨。

四、装帧形式的美化。装帧设计要考虑国外读者的审美要求，吸引他们的眼球，做到简洁、美观，符合审美国际化趋势，这就要改变我们以前的设计观念和思维定势。还要改变装帧设计过度和印制繁杂的做法，"过度"不利于环保，容易引起国外读者的反感，也不符合形式为内容服务的原则，有碍制作上的转换。三联版图书的装帧设计有自己风格，在走出去方面也有自己的个性。

站在转企改制的风口上，老樊做了很多。很多甚至可以作为同行的参考。不过，以下的个案在有些出版社若采取量力而行的岗位配置，似乎更好。

三联书店有一名员工，人很老实、厚道，只是精神健康方面似乎受过创伤，在小书库工作。我到三联工作后，见到次数最多的就是他。因为我分管人事工资工作，他经常为工资的事找我。每个月发工资前，他都要到我办公室，提醒说：樊总，该发工资了。久而久之，我对他的情况有所了解，他父亲是三联书店老员工，也常给我打电话，讲儿子的一些情况，让我多关照他。借转企改制之际，我们按照政策提高了他的工资待遇，请他回家休养，做到了单位、个人和家里父母三方满意。

同样，老樊在书中未曾提及前任汪季贤，好像也是一件令人回味的事。同道中人，难道不可以说上几句？

这本书的最后一篇是《不合规范的述职报告》，2009年、2010年有两小段是这样的：

还有我平常能坐公交，就不打车。去外面开会，手头的几张白纸也带回来当复印纸。每天我下班后在四楼走一圈，关灯、检查完水龙头再走。当然这些都是不值得一提的小事。

至于烟、酒等我是收过一些的。"当了一把手，不缺烟茶酒"，一些外面的同志来访，带来这些东西，也有单位内部同志回家带来一些特产，我收下了。羊毛花在羊身上，我收下这些东西，也没有据为己有，也都在公务活动中消费掉了。茶是收了，全放在办公室招待客人用；酒是收了，也招待客人喝掉了。当然，还是不收为好，我今后会注意。

不知是改过自新了还是篇幅有限，2011、2014年没有这些内容，2012、2013 年述职报告没有被选取。有关烟酒之类，老樊在《如歌行板——恢复设立生活书店始末》中有过一段，那是 2012 年下半年，为了恢复设立生活书店，老樊去新闻出版总署找党组书记蒋建国，"有一件事让我感动：我去蒋建国办公室时，礼节性地带去一份茶叶，要走时把茶叶留下。他接过茶叶看了看，让我等一下，结果从里间取出两瓶'内参酒'，说这是湖南特产，送你尝一尝，盛情难却只好收下，这两瓶内参酒我珍藏至今"。

做书的故事

李昕著，罗少强责任编辑

人民出版社2018年5月第一版

开本：880 mm×1230 mm/32 开

字数：250 千字

ISBN 978-7-01-019068-6　定价：58.00 元

做 书 的 故 事

李昕　著

听李昕讲做书引发的故事

日前在上海书城"巡阅"，发现李昕著作《做书的故事》（人民出版社 2018 年 5 月版），记忆中李昕是从北京三联书店总编辑岗位退休的资深行业领导且在近年出了多种作品，却一直未留意，现在的偶遇便下单买回家了。

李昕的工作简历有些单调，北京知青下乡在吉林，高考进入武汉大学，1982 年毕业后进入人民文学出版社从编辑、室主任到社长助理，1996 年被派驻香港任香港三联书店副总编辑、总编辑，2005 年调回北京任三联副总经理兼副总编辑，2010 年任总编辑，2014 年退休。一定是三联的高官板凳厚，经过人文社的基层锻炼、香港的磨炼，李昕同志回到三联还只是第二、三把手，基本上是以业务干部做书为准，于是，退休后迅速出版了《做书，感悟与理念》(商务印书馆 2015 年出版)、《做书的日子》(上海三联书店 2015 年出版)、《清华园李德人生咏叹调》(深圳报业集团出版社 2017 年出版)、《李敖登陆记》(深圳报业集团出版社 2016 年出版) 等。其他若干我没读过，这本《做书的故事》倒是蛮好读的，从中也感觉出作者的睿智、奋进。

说来，过往的日子里，在沈昌文先生任三联书店总经理时，我到北京是有喝 (在沈公办公室喝现煮的咖啡)、有吃 (由着沈公带路在小饭店品尝北方人烹制的南方菜)、还可以拿 (我可以在三联书店发行部 [南竹竿胡同] 见到想看的书就可捧着打包带回上海了)，等到沈公退休，我的职业也有所偏向之后 (从上海新华书店图书宣传科科长转任上海新华书店产业发展中心总经理)，见到心仪的三联版新书，想想店中无熟人，只得掏钱享受，偶尔赴北京总还惦记着三联韬奋书店，虽然也与时任总经理杨进相熟，但总不能为索书而求见，况且书店是经营的，报损也不易，也不便打扰。于是，三联的书还读；三联的人，却不识了。

现在，因着做书的李昕讲故事，由此相识；2007年，三联书店出版了《钱锺书集》第二版，由江苏新华书店包销3000套，于是，李昕在南京的一次新书发布会上介绍了新版本的情况。

我说，在中国，《著作权法》实施之后，一本书通常只在一家出版社享有专有出版权，但是为了支持和保护文化建设和文化积累，出版界有一个不成文的规定，或者说是达成了一种默契，允许作者在出版《文集》或《全集》之外，另行享有单行本的专有出版权。根据这一惯例，钱锺书著作原本是可以在三联的文集之外，由其他出版社另行出版单行本的。但是杨绛先生对待版权非常严肃和谨慎，她在三联出版了《钱锺书集》之后，便有意识地停止了钱锺书著作单行本与其他出版社的合作，结果《钱锺书集》共10种，其中有8种由三联书店独享中文版权。只是《宋诗选注》和《围城》这两部作品，在人民文学出版社的一再要求下，杨先生才同意保留该社继续出版单行本的权利。

这段话，被《中华读书报》记者记录并发表了，于是，在李昕身上发生的向杨绛先生三次道歉中的一次就发生了。

我的这番谈话被在场的记者陈香完整记录下来，她写了一文题为《保留钱著原貌，新版〈钱锺书集〉不"大修"刊行》，发表在《中华读书报》头版。

杨绛先生平时对文化界新闻相当留意。她看到报纸后，有话要对我说，但是她老人家听力不好，通电话有困难，于是便让帮她料理版权的友人吴学昭老师给我打电话。

吴老师是吴宓先生的女儿，也是三联的作者，与我们很熟悉，她直截了当地说，这篇采访你的文章，可惹老人家生气啦。

我问为什么。她说，这篇文章前面90%的内容都很好，唯独最后一段，你说"在人民文学出版社的一再要求下"，他们才继续享有《围城》和《宋诗选注》的版权，不符合事实。杨先生认为，你对人文社不公平。分明是人家早早就出版了这两本书，而你们三联才是"一再要求"出版文集呢。你说话怎能不讲先来后到？你做宣传，不能抬高自己，贬低别人。

我自知理亏，连忙请吴老师代向杨先生道歉。吴老师说，杨先生的意思，是这篇文章给人文社造成了不良影响，所以你要向他们道歉。

我自然无话可说，马上打电话给当时人文社的负责人潘凯雄，说明了原委，表达了道歉之意。凯雄听了哈哈大笑，说："老人家为我们做主，你道歉我们照单全收了。"

这件事对我触动很深，我由此认识到杨先生待人处事最讲"公平"二字。

杨先生厉害了！迅速发现了李昕同志"对人文社不公平""所以你要向他们道歉"。

当时，李昕同志可能已是踌躇满志，也忘记了"人文社"是自己的老东家，虽然这种表述现在还能经常听见，但被杨先生发现并被迫向杨先生、向人文社道歉。至于还有二次道歉之事，恕我就不抄录了，"还是买正版书、读原版书"吧。

面对相约北京而永远"失约"的商务印书馆原总经理杨德炎先生，作者讲述了令人悲恸的故事：

作者 2010 年 4 月在上海参加一个会议间隙去医院探望了已在上海住院两个月的杨总。

他说不久以前，他遇到北京一家大医院的一位医生朋友。那人对他说，你现在退下来，时间充裕了，应该做一次彻底的身体检查，对自己的健康情况心中有数。他听了觉得在理，就去了那家医院。他是有"蓝本"的领导干部，可以享受高干待遇，体检能住院，一项项精心地做。住了几天，例行项目和通常会增加的项目全部查过了，没查出什么问题。这时那医生朋友说，你还不能完全放心，因为有些病，这样的体检还是查不出来。比如癌症，比较精确的仪器如CT、核磁共振等检查，也只能查出已经有了"占位病变"的肿瘤，对于更小的，甚至在细胞层面上的肿瘤，也是无能为力的。不过，朋友说，还有一种能够确诊更小肿瘤的检测方法，用通俗的话来说，就是"加大剂量"，以便将肿瘤放大显示。但是这种检查很贵，要1万多元，而且需要自费。老杨听了，说自费也没关系，查吧，查了让自己安心。

结果这一查查出他肝部有一个极小的恶性肿瘤，老杨一下着了急。在北京求医，医生告诉他，这么小的癌症，做肝部切除手术不值得，用伽马刀切一下就行了。但是做伽马刀手术谁最有经验？有医生推荐，上海的这家部队医院，他们是全国最早使用伽马刀技术的。

老杨是上海人，到上海诊治他很惬意。因为医治需要几个月时间，几个疗程，他决定在上海租一套房子，用以在疗程之间休养身体。我们见到他时，他刚刚做完一次伽马刀手术，正在医院休息，恢复体力，准备过些天就搬回租住的房子里。他听医生说，这病经过伽马刀手术治疗，就可以痊愈，此后不需要再做什么化疗之类，也不会留下后患。

我注意到他脸色其实很不好，从鼻子往上，半个脸发黑。他本来就肤色黝黑，此时更显得脸部幽暗。但他的神态和说话的语气，表明他的自我感觉不错。他连说了几次自己运气好，幸亏做了"加大剂量"的检查，才能早发现，早治疗。所以即使我当时已有不祥的预感，听了他的话，也变得颇有几分乐观，心想如果这样治疗能够根治病症，也算是祸中之福。

那天我们谈了一两个小时，并没有说很多宽慰老杨的话，因为他精神很放松，没有思想负担，不需要宽慰。我们只是祝愿他早日康复，相约北京再见。

回北京后，我一直相信老杨吉人天相，能够力胜病魔。万万想不到的是，仅两个月后，得到的竟是他去世的噩耗！在那个时刻，我像被打了一闷棍，脑子都蒙了，内心悲痛至极。回过神来，急忙打电话向商务的朋友询问究竟。他们说，老杨在医院连续动过几次伽马刀手术，原本没有什么异常情况。但这一次，谁也没有料到，他术后在自己租来的房子里休息时，忽然发生肝昏迷。家人立即将他送回部队医院抢救，但医生说已经没救了，生命只有几十个小时。商务印书馆总经理于殿利等当天赶到上海，决定将他连夜送回北京协和医院。于是上海那部队医院派出救护车，呼啸着行驶16个小时，从下午4点一直开到第二天上午8点，中间打了两次强心针，总算把老杨送进协和医院抢救室。然而一切都无济于事了。抢救无效，老杨于当晚逝世。

我到了今天这个年龄，所经历的"忍看朋辈成新鬼"的事也不算少了。但没有一次亲朋的离去，令我受到如此震撼，因为这一切来得太意外了。很多朋友都议论，说老杨的肝癌是早期的早期，一个小到难以发现的肿瘤，怎么会在 4 个月内夺走人的生命！如果不做治疗，说不定至今他还会健康地和我们在一起！

世事难料，人生难测。听着李昕讲杨总的不幸，再一次打开我的记忆。遥想当年杨总在时，到上海请同道聚餐，开名单的是我；杨总的商务要在上海落地，指令同事与我谈了几次，我差一点成为商务在上海的代表。那时，缺乏激情也难舍旧情，终未合作，但我在《上海新书报》《中外书摘》时，商务的广告我是可以"搞定"的，可惜、可悲，杨总被病魔击倒。

作者写《书界奇人刘振强》，介绍了台湾三民书局老板的六十年创业往事。我买过《三民书局五十年》《三民书局六十年》，之前无缘与"三个小民""合办书店的刘老板"相见，但读这两本厚书，佩服不已，还是可惜，刘先生 2017 年 1 月 23 日在台湾病逝。李昕讲刘先生的故事，其中有一则哲学家李厚泽先生与三民书局的故事：

刘先生和李泽厚，是通过余英时认识的。90 年代初期李泽厚赴美国定居，因为缺少经济来源，生活有一定困难。这时余英时打电话给刘先生，问他能不能帮一帮李泽厚。刘先生仗义，慨然允诺，决定出版李泽厚著作集，以稿费相支持。为此他做了市场调查，发现李泽厚的几部著作的单行本在台湾原本已有别人出版。为了清理版权，他一家家协商，将别人印制的李泽厚作品（累计上万本书）全部买下来统统销毁，为此已投入了上百万新台币。

1994 年 8 月 20 日，双方签订协议，李泽厚将自己早期作品 10 种著作的全部财产权一次性转让给台湾三民书局董事长刘振强，获得 10 万美元。

10 万美元，在今天看来或许不算什么，但是在当时，相对于其他著作版权的价格，这是一个相当惊人的数字。

同一天双方签署了 3 份合约，合约规定财产权转让后，李泽厚在任何地方都无权用中文繁体或简体字自行出版或授权他人出版上述著作的"全部"或"一部"。

也就是说，李泽厚把他早期10种作品版权"卖断"了。

可是此后，李泽厚没有遵守合约规定，从90年代中后期起，便委托一位代理人多次授权安徽文艺出版社和天津社会科学院出版社在中国大陆出版上述著作中的若干品种。

刘先生很快闻知此事，但考虑到自己与李泽厚的情谊，他多年一直默默隐忍。只是在朋友之间，他才会说些抱怨李泽厚的话。刘再复与他相熟，有一次到台北，被刘先生拉着去台湾大学的操场。他们看到那里正在摆摊销售中国大陆出版的简体字版图书，李泽厚的《美的历程》《中国古代思想史论》等赫然在目，刘先生憋得满脸通红，连说："你看看，你看看，他们是这样欺负人的！"

1998年以后，李昕也曾多次在台北与刘先生会面，每次谈论的话中，总是少不了李泽厚，这情景令人联想起祥林嫂讲阿毛的故事。

如此的忍耐一直到2009年夏天，李泽厚的侵权还在继续。刘先生忍无可忍，开始和李泽厚交涉。中间人是他的三个朋友，余英时、刘再复和李昕。他提的要求其实也简单，就是一句话，立即停止侵权。只要李停下来，道个歉，一切都可以既往不咎。

为此，余英时多次给李泽厚打电话，刘再复在美国与李整日长谈，李昕则到李泽厚在北京的家里专门商讨此事。大家都想和解，谁都不希望这两位令文化界敬重的老人最终对簿公堂。李昕登门的时候，李泽厚先生也很客气，一再表示自己一直非常感激刘振强在他经济困难的时候给予他的支持，他说当时有了这10万美元，他在美国的生活就踏实了，尽管这10万美元，到今天他连一分钱也没有动过。他的解决方案是，退回这10万美元，买回他的全部版权或在中国大陆出版简体字图书的权利。

李昕将李泽厚的意见转告，刘先生很不以为然，他说："李泽厚太小看我了吧。这10万美元钱算什么？我会为钱打官司吗？我只是要讲一个道理，想弄清楚一个女儿可不可以同时嫁给两个男人？"他还是强调，不必谈钱。李泽厚如果能停下来，过去那些不愉快不必再提，但若不停止侵权，恐怕要打官司。

李泽厚闻知刘先生的态度，曾对李昕说，"停下来也可以，让出版社以后不再印就是了"。但李昕告诉他，刘先生希望他写书面承诺，他不肯。李昕想从中和稀泥，对他说，你和刘先生是老朋友，你给他打个电话，口头上表达歉意，然后叙叙旧，不就"相逢一笑泯恩仇"了吗？李泽厚犹豫了一下，最终还是摇了摇头。

刘先生静候李泽厚的答复，从夏天等到当年年底。一天，他打电话对李昕说，现在李泽厚必须表一个态，停止侵权，是 YES 还是 NO。李昕知道这是最后通牒了。刘先生说，如果答案是 NO，他会立即起诉。但这句话怎样告诉李泽厚？他考虑再三，觉得余英时、刘再复因为和李泽厚同是学界中人，恐怕不方便开这个口，所以还是请李昕把这句话转达给李。

李昕随即与李泽厚先生通了电话，劝他慎重考虑此事。他情绪有些激动，表示自己不怕打官司。李昕感到他似有难言之隐，但他没有讲，李昕也无法说服他。

于是，一切都无可挽回了。

2010年，三民书局在中国大陆委托律师，分别在上海和北京两地起诉天津社会科学院出版社和安徽文艺出版社侵权出版李泽厚系列作品，由于三民和李泽厚的出版合约条款的解释权在台北地方法院，三民还在台北将李泽厚告上法庭。

2013年底，李昕到台北参加书展，顺便拜访刘先生。见面后李昕问及此事，刘先生告诉李昕，这个官司，已经在台北和北京两地经过二审判决，三民都胜诉了。李泽厚必须停止侵权，而且要做出经济赔偿。说到这里，刘先生长舒一口气，但是脸上仍然没有笑容。

他不无遗憾地说，原本，是不必弄到这个地步的。

李昕的这本书"后记"中写道，"本书的文章比较单纯，20多篇文章，全部与'做书'有关……对我来说，作者就是作者，我对他们永远保持谦恭和尊敬，是绝不敢谬托知己的。当然，即使是这样，我在近距离地观察和接触这些作家和学者时，也总是能够从他们的言行举止中受到启发和教益。本集中的文章，就是这样一种记录。一律亲历、亲见、亲闻，以第一手材料为主，强调纪实，决不虚构。"

　　作者的表态是认真的，也是实在做到了，我记下了作者与杨绛、杨德炎、刘振强三位交往中的故事，足以体现作者的写作是有料、有情、有理的。

　　我会继续阅读李昕的所有相关作品。

汪观清口述历史

汪观清口述；邢建榕、魏松岩撰稿，沈佳茹

责任编辑

上海世纪出版股份有限公司上海书店出版社

2016 年 1 月第一版

开本：640 mm×965 mm/16 开

字数：220 千字

ISBN 978-7-5458-1187-2　定价：55.00 元

汪观清
口述历史

汪观清，连环画家的美好生活

近年，上海书店出版社陆续推出了一套"上海市文史研究馆口述历史丛书"，这是 1953 年 6 月创设的上海市文史研究馆为了充分发掘馆员群体所特有的丰厚的人文历史资源、保存历史记忆、记录时代风云，推动口述历史研究工作而启动的一个项目。

据"编撰说明"中说，成书的过程基本上由文史馆根据相关原则选取访谈对象，约聘撰稿人拟定采访提纲进行访谈，进行文字与录音、影像比对整理成文后由口述者修订定稿。这种操作办法，应该是比较成熟的。

我先读的是《汪观清口述历史》（邢建榕、魏松岩撰稿）。

1943 年，12 岁的汪观清随母亲从徽州家乡到上海生活。那时，父亲已在上海落脚。在读书的同时，喜欢上了连环画，流连忘返的是小书摊。

1948 年结婚后开始自谋职业，爱画画的潜能获得发展，先是在一家广告公司学画，后来就开始画连环画：

我在 1954 年加入新美术出版社。贺友直、颜梅华、郑家声等比我早。贺友直是 1952 年入冬的时候，从连环画工作者学习班结业后分配来的，他们那一拨来了十六个人。1954 年，和我同一年入社的，有钱笑呆、陈光镒、王亦秋、赵三岛、胡克文、陈少华、汪绚秋等人。当时新美术汇集的出版商、编文和绘画达到四百多人，在全国是连环画画家最多、最集中的一家。一时间，新美术出版社人声鼎沸，热闹非凡，呈现出一种欣欣向荣的繁华图景。

新美术出版社坐落在铜仁路的一处花园洋房办公，之前是报业巨子史量才的公馆。

单位有食堂，中午吃饭，用方桌，八个人一桌，四菜一汤，两荤两素，营养均衡，还不要钱。现在想来都觉得好吃。那时我刚合营进来，午餐时间，放眼望去，几十桌全部铺开，蔚为壮观，就餐像办酒席一样热闹喜庆。大家的工资也很高，1954年，我的工资已经达到每月八十八元。比起那些没能进入公家出版社的，我们真正算是优越了。

当时的娱乐生活也很丰富，每天中午我们打球，篮球、排球都有。我是出版社的运动健将，排球的扣手，篮球的投手，中午打球出一身汗，用冷水冲凉后，马上投入工作。我们也去参加比赛，各个出版社之间比，我们总是冠军，后来去和解放军比，就不堪一击了。

当时，汪观清的工资收入已经使他感觉有能力在离出版社较近的五原路租下一套三层楼的花园洋房，全屋铺设柚木地板，冰箱、家具一应俱全，楼下是花园，有一棵高大的宝塔松。房子每月租金九十元，在当时，一般人住不起。

　　这栋房子很大，有多个房间。我全家七个人都住进去后，还有几间屋子闲置。我想转移一些负担，也是为了物尽其用，就介绍给本社的同事居住。一楼介绍给夏书玉一家，二楼介绍给沈琴一家，沈琴的先生是解放日报的一位记者。这样，两家各自分担了些房费，我每月的房费支出减少到三十三元。当时我家还雇用了保姆，加上各种其他零碎花销，每月用于日常生活的费用在五十元左右。

　　汪观清回忆，当年的黄鱼、鸡售价，通常是一两毛钱一斤。一元钱，全家人用一天还绰绰有余，而且生活品质还不错，有牛奶、带鱼、鸡……一个人的收入，足以支撑全家近十口人的生活。

　　"我记得我们一群人，在豪华的锦江饭店吃上满满的一桌，花费不过十元，是我一幅连环画的稿酬。而当时一元钱，就可以在淮海路吃上俄式西餐牛排了。吴湖帆先生画的扇面在福州路上的古玩市场里才卖五元一把，挂在墙上的齐白石、吴昌硕、王一亭真品，多不超过两位数的价格，好的鸡血石也不过二十元，优质古墨一元可以买到一方。据说贺友直买过三块田黄，八元一方，其中一方还有前人篆刻的'仿汉印'的边款。"

1956 年，新美术出版社并入上海人民美术出版社，连环画文字编辑室有 27 人，连环画创作室有 93 人，成为全国最大的连环画出版机构。

"我那时是人美社内公认最勤奋的创作人员之一，别人画六个小时，我画十二个小时。每天五点起床，离开我的花园洋房，八点前到出版社，夜里工作到二点是常有的事儿，整栋洋房里，只有我窗口的灯亮着。中午别人午休睡觉，我接着画画。不只我，这种创作任务，几位画得好的同事都有，但因我画的题材涉及的领域多，在当时更吃香，机会也就比别人更多些。又因为我出手较快，总能带来丰厚的回报，这也激励我更下工夫，高标准，严要求。很多作品，我画了又画，自己满意才交稿"。

那时，汪观清最大的一笔收入来自和应野平先生一起创作的国画《万水千山》，总共有五千元，"我和应野平先生一人一半分了"。

《万水千山》是八幅条屏，1.5尺 ×6尺的画作，描绘了红军长征从瑞金出发到陕北会师的历程，以瑞金出发、渡赤水、过大渡河、跨越凉山、突破腊子口、爬雪山、过草地、陕北会师等作为标志性情境。画成后，送到上海美术馆展出，多家报纸杂志转载，非常轰动。上海的电影院在开始放映影片之前，都要先播放这八幅画，并配有十八分钟的解说。《万水千山》参加了全国美展，被中国美术馆收藏。后来，辽宁博物馆又要再画一套收藏，"不久，我们又收到了五千元稿费。那年我二十九岁，应野平先生四十九岁，他已经是著名的中国山水画家了"。

1960 年，上海出版界集中精兵强将打《辞海》出版攻坚战。汪观清等连环画创作人员也投入到为《辞海》作插画的工作中，由文字编辑提供黑白照片，画家用毛笔单线白描勾画，然后修改后再制版印样后送审。

画《辞海》的时候，食堂吃饭不要钱，每天午餐一圆桌，两荤两素四菜一汤，每天每人还可以买两包烟，包括一包牡丹或一包前门。

1962 年底《新民晚报》美术编辑乐小英来《辞海》创作组找汪观清组稿画雷锋的故事。汪观清很快画完并将画稿送到报社，交到他的手里，他说："好，好！"

1963 年 2 月 28 日，《新民晚报》开始连载雷锋的故事，每日两幅，配以文字。3 月 1 日《人民日报》发表毛泽东主席"向雷锋同志学习"的题词，号召全国人民向这位普通士兵学习。各大报刊纷纷转载，发表文章，掀起了全国学习雷锋的热潮。

我创作的雷锋故事连载二十天，其他报刊纷纷进行转载。这是全国人民看到的最早的雷锋艺术形象。看到全国宣传雷锋的态势如火如荼，我建议上海人美出版雷锋连环画。让我意外的是，负责选题的文编主任一口拒绝，他给出的理由是，雷锋的事迹缺乏故事连续性。可是很快，北京、浙江、山东、辽宁、江苏等地纷纷推出了雷锋题材的连环画。可以想见，我的心情多么黯然。从我个人来说，在有现成画稿的情况下，却未抓住机会，及时出版，从作为当时全国连环画的大本营来说，上海人美没有高度重视这个当时的主旋律题材，无论对我个人还是人美，不能不说是一个时代的遗憾。至今，上海人美都没有出版过雷锋题材的连环画，我的画稿后来由江苏人民出版社美编孙铁生经手，在江苏出版了。

"文革"开始后，上海人美和其他单位一样，干部职工分为两派。一派以运动初期被镇压的文编、画画的业务骨干为主，是社里的掌权派；一派以行政干部为主，要维持斗争成果，加上一批斗争中成长起来的后起之秀，目的是要夺权，叫造反派。当时人美还有一批中间派，是"文革"初期被认为有"问题"的一些人，包括汪观清在内，被称作逍遥派。

一天，出版社接到一个电话，说上海工人造反队总司令部（简称工总司）要几个会画画的人，去画宣传画。出版社的领导，也是个逍遥派的业务骨干，把我、韩和平、哈琼文和江南春派去了。工总司在外滩总工会大楼内办公，这栋大楼原是交通银行的大楼，解放前外滩最后建成的一幢。我们的任务，是根据工总司的要求，画些与当时气氛有关的内容，不外乎轰轰烈烈的工人造反、夺权等宏大热闹的场面。

工总司有份《工人造反报》，编辑部设在解放日报社的两个房间里，主编叫王成龙。一次，王主编来找我，说报纸缺少美工和画工，版面不美观。

我说，不要紧，没问题，我可以帮助。后来，这项工作就归我做了。

我们画画的时候，工总司的几个头头，有时候就过来看看，司令潘国平也来，王秀珍等也经常来，兴致很高，指指点点，品头论足，说不上附庸风雅，大概也算是一种消闲，工作的时候松松气。顺便也喜欢和我们吹吹牛，说些义薄云天、哥们义气的话，江湖意味很浓，一副什么都不在话下的神气劲儿。听说我们是靠边站的，并没有什么组织，他们就说，你们可以成立上海工总司人美社造反小分队嘛。仿佛久旱逢甘霖，受到了这么有来头的鼓励，我们这些没有组织，也没人要的靠边站画家，立马就成立了这个组织。连韩和平、端木勇、哈琼文等，曾经受过迫害的，后来也加入了。我们总共十个人，拉了这么一面旗帜，为的是保护自己，出版社里对立面知道我们有后台，不敢再欺负我们，相安无事好久。

"文革"时期，连环画的市场仍然十分繁荣，当然，时代的烙印也十分明显。1976年粉碎"四人帮"，1978年恢复上海人民美术出版社后，连环画市场却呈现出了不景气，画家缺乏积极性，出版社无奈出台了新的考勤制度。社里的创作人员可以不坐班在家里创作，只要每年交四张中国国画，画什么，怎么画，随便，工资照发。当然，要能卖得出去，这四张画的价值就会超过工资。汪观清、刘旦宅、韩敏、郑家声等十来个人从此除了必要的会议或学习，很少到出版社去上班。出版社则在静安宾馆对面设立了一个售卖中心，专门卖人美画家的作品，西画、国画都有，一个画家卖出两幅画，就能抵上支付给画家的全年工资。剩下的两幅作品的收入，权当出版社的创收。

我的最后一本连环画《检察官》，完成于1982年，这是我作为连环画家的封笔之作。从1952年出版第一本连环画《扫雷英雄姚显儒》，到这本《检察官》为止，我一共画了约六十种，百余册连环画。三十年的光阴、生命和才情，都投入到新中国的连环画创作中。作为上海人民美术出版社的第一批连环画家，我们经历过连环画的繁荣期、鼎盛期、衰落期，见证了新中国连环画生命周期的全过程。我们本身的经历，几乎就是一部完整的连环画历史。

1984 年，54 岁的汪观清成为职业画家，参加各种画展、赴美获得绿卡，60 岁时移民加拿大，再后来成为上海市文史馆馆员……

出版人的情愫
——记古籍影印专家陈善祥

陈齐朝、陈齐初著，张予澍责任编辑

学林出版社 2018 年 1 月第一版

开本：720 mm×1000 mm/16 开

字数：10 万字

ISBN 978-7-5486-1342-8　定价：58.00 元

出版业还有陈善祥这样从事出版事务的专家

学林出版社 2018 年 1 月出版了一本令我追读的《出版人的情愫——记古籍影印专家陈善祥》，作者系陈先生的儿子陈齐朝、陈齐仂。从微信中获悉出版消息，立即索取一册阅读，企图从中获知这位专家的生平经历、独门秘籍乃至生存经验，无论对于做人做事、从事出版研究都可能是一个案例。

获得并读后，我曾为难了一段时间，现在还是想把阅读过程的感受写出，期待之后的作者、出版社在从事此类读物编写、出版时更加适当一些。

这本书的"派头"很大，为 720 mm × 1000 mm 的 16 开本，标出的字数为 10 万字、108 页。我在阅读时粗估了一下，实际字数 5 万不到，其余都是书影，生活照和书画作品照片等。全书由前言、附录（六篇）、后记和 10 章正文组成。比较到位的叙述以附录中的陈善祥自传（1955 年 10 月 22 日）、陈善祥晚年撰写的《戚铭渠同志重视对青年的培养》《我的古籍情愫》和上海古籍出版社在送别陈善祥先生时撰写的《陈善祥同志生平》等为主。

陈先生早年的经历，从浙江镇海到上海的过往，有些不寻常。父亲早年在上海做职员，却在母亲怀孕七八个月时患伤寒症不治身亡。之后，母亲守寡并靠着祖父、外祖父等的接济养育，在当地读完小学考入中学时，随母亲避难到上海姨夫家，再入中学读书，1944 年进入一家纸行当学徒，不久，纸行歇业，只得转入另一家兴康纸号做营业员，晚上在立信会计学校补习。在纸行改建西式账册时，被调任会计员。因为在纸行谋业，也认识了一些中小型出版商，其中也包括正在筹备平明出版社的李采臣。先受邀入股，继而兼职、入职。"那时候，兴康的待遇是比平明高，但是我认为店员工作对自己帮助不大，做出版工作比较有意义，学习机会也多些。同时我想，出版业的改造一定走在别的行业前面。

虽然劳动都是光荣的，但是认为使工作更有意义，以及能争取早日在国家机构工作，我就决定离开兴康纸号。"

这段引文是陈善祥在1955年10月22日写给组织的《自传》，应该是比较客观的。那么，李采臣为何要拉陈善祥入股？

李采臣是巴金的弟弟，早年随兄从四川到上海，先是在巴金任职的文化生活出版社谋职，1949年12月兄弟等同仁一起创办平明出版社，巴金任董事长、总编辑，李采臣任经理，1956年公私合营并入新文艺出版社任出版室副主任等，1958年新文艺改为上海文艺出版社，任出版科科长。1958年9月携全家人赴银川支援大西北建设，先后在《宁夏日报》、宁夏新华书店、宁夏人民出版社工作，1976年退休，1978年被聘为出版社业务顾问，为宁夏人民出版社带来了叶圣陶、冰心、叶君健、李健吾等名家的作品，巴金《没有神》《怀念集》《巴金童话故事集》《巴金的世界》等一批著作也在宁夏出版。

20世纪50、60年代，上海的出版人响应政府号召，先后派出了大批职工支援广西、福建、宁夏、甘肃、贵州、青海等地出版业，很多人从此告别上海，终老在他乡。2007年9月，94岁的李采臣老人在银川病逝。

李采臣发现了陈善祥，使他从此脱离了"文具纸品业"，先后经历平明出版社、新文艺出版社、古典文学出版社、中华书局上海编辑所、上海书画出版社、上海人民出版社，1978年进入上海古籍出版社直至退休。从简历上看，进入出版业后换了七八个单位，其实，对于陈善祥而言，他只是在出版科（影印科）干一件事，这些单位只是因为改制、合并、精简、独立等诸多因素而进行的机构调整而已。

因为有了李采臣的引导，陈善祥入行，在之后的五十多年中（包括退聘）所从事的影印工作并使其成为古籍影印专家的是进入古典文学出版社出版科时遇到的"高人"、出版科影印组组长丁英桂先生，陈善祥拜丁先生为师，开始涉足古籍影印。

丁英桂先生厉害了。1901年出生，1915年进入商务印书馆商业补习学校就读、实习，1916年开始在张元济、高梦旦等先生的主持下从事古籍影印，从1919年影印《续古逸丛书》第一种宋版大字本赵注《孟子》起，商务先后出版《四部丛刊》初、续、三编，百纳本二十四史，正统《道藏》《四库全书珍本》初集等，丁老在张元济先生主持下一直是这些古籍影印的执行者。丁老1973年2月退休，连续工龄有58年。1949年之后曾任高等教育出版社上海办事处、商务印书馆上海办事处副主任，后来转入古典文学出版社、中华上编。据与丁英桂、陈善祥同事的赵而昌先生回忆，丁老"有时对人说：'我叫丁英桂，不叫丁桂英。若有人把我叫成丁桂英，那我就是女的了。'"他自是干"出版事务"的，赵先生回忆：

　　解放后不久，影印《曲丛》第一集。一次文管会徐森玉先生亲手送藏本到商务上办。书送到，也不要丁老办借书手续。可丁老一定要写收据给他。但写收据得盖公章，而管公章的人员恰又不在，只能写一张字条，签上名由森老带去算了！后来还书时，又估计到前写字条不一定再能收回，就事先写好一张收书条，便于森老收到书后签个字，备日后存查。这回条，直到1979年，一次他来古籍出版社为同志们讲解业务知识时还妥存着。

丁老1986年2月病故。享年85岁。

有着这样的师傅，陈善祥以后不成为古籍影印专家也难。

人民文学出版社古典文学编辑室原主任、古典文学专家陈建根先生1973年从"五七干校"回到北京，接受了出版影印《三国志通俗演义》的任务。经过调查研究，确定采用原存于涵芬楼的"明嘉靖刻本"出版，可此书下落不明。陈建根先生想到了陈善祥，特地从北京赶到上海，寻求好友的帮助。此时，陈善祥也刚刚从"五七干校"回到上海，被安置在上海人民出版社业务科工作。了解了老朋友来意以后，陈善祥就在晚上陪同陈建根先生到自己已经退休的老师、古籍专家丁英桂先生家中，打听此书下落。根据丁英桂先生回忆，该书早在新中国成立初期就被甘肃省图书馆买走了，现在应该还存放在那里。之后，俩人又一起到上海图书馆顾廷龙馆长处，证实了这一信息。

鉴于此书属于国家级文物，按当时的规定，只有经过中央批准后才能借阅。陈建根先生立刻赶回北京申请批文。拿到批文后又马不停蹄地坐上火车，赶到甘肃省图书馆将原书借出，进行翻印工作。可是，在拆书拍照翻印时却遇到了难题：对于此类文物级的古籍，是不允许有丝毫的损坏，大家束手无策。此时，陈建根先生请来了有着丰富古籍翻印经验的陈善祥。经过研究，陈善祥提出了每拆一页书后，就立即用塑料袋封存的方案，以避免原书被污损，并提出要严格按照古籍拆书的要求，规范操作的建议。最后圆满地解决了古籍原书的保护问题，为顺利出版奠定了基础。

人民文学出版社古典文学编辑室原副主任刘文忠先生在《新文学史料》上发表的回忆文章《中央交办任务与"大字本"》中，特地提及了陈善祥对他的帮助。刘文忠先生在文章中写道：

　　"我回到出版社之后，第一个接手的中央交办任务就是影印庚辰本《脂砚斋重评石头记》……1973年11月中旬飞抵上海，出版印刷的任务安排在上海市印刷七厂。""影印看似简单，其实并非如此。因《脂砚斋重评石头记》的批语有朱批和墨批，每页在照相制版时需要做两块板，然后进行双色套印。印出校样后，何处有'花淡'，何处需要去污修清，都要在校样上标出。朱批和墨批有无遗漏或错朱为墨，都要对原稿核校，以备修版之用。""对我帮助最大的还是上海人民出版社出版部的陈善祥同志。他不仅帮助我联系好印刷厂，还为我在上海古籍书店找到一位师傅，把庚辰本《脂砚斋重评石头记》一本本地装订丝线和把书角小心翼翼地拆下来。书印好之后，又用原来的装订丝线和书角一本本地再装订起来，使人看不出这部书是被拆过的。这种修复古籍的高超的工艺，我平生只见过一次，而且叹为观止……经过五十六天奋战，终于完成了出书任务。"

这是"文革"时期发生的事情，从中也可看出陈善祥先生在行业中的价值，也体现出在上海无论是丁英桂、顾廷龙先生还是市印七厂的机器设备、上海古籍书店的师傅，作为一个整体，在新中国的古籍影印事业中使上海得以继续着中心地位。

通过在中华上编的历练，陈善祥自1978年改革开放后出任上海古籍出版社影印科科长直至1998年办理退休手续，后继续返聘，1998年七十岁时第二次退休的二十年中，为古籍影印作出了贡献（1956年入职古典文学出版社开始的十年跟着师傅干，1966年开始的十年"文革"经历，其余二年等待）。

陈善祥的出版业经历，虽然与同时代人一样，有过蹉跎，有过失意，但一路走来，尤其是在改革开放之后，仍然展现了人生的价值。

那个年代，从事出版科（影印科）的"老法师"应该是一个群体。现在，因为陈善祥"毕生走出版路，却没给自己留下书"，于是，两个儿子费力费钱出版了这本书。虽然书中仍有一些表述不妥或者用词太花的痕迹，但是，一个"一贯勤恳踏实，任劳任怨，态度认真，作风严谨，对工作精益求精，一丝不苟"的老出版人形象还是获得了呈现。假如老人在世时，儿辈能够多听听那时的故事（口述），能看看老人的档案并依据最终的"生平"展开，也许会更扎实、更耐看。

中国的出版事业，既有张元济、李俊民等当家人，也有丁英桂、陈善祥等干具体活的同仁的齐力，才有了曾经的辉煌。于是，如本书之类的出版物，实在不嫌多。

书贩笑忘录

陈晓维著，徐麟翔责任编辑

中华书局 2018 年 4 月北京第一版

开本：850 mm×1168 mm/32 开

字数：100 千字

ISBN 978-7-101-12953-3　定价：42.00 元

古旧书里讨生活

陈晓维写了一本《书贩笑忘录》（中华书局 2018 年 4 月出版），记录着 13 位当代旧书商人的人生阅历。潘家园、古籍、拍卖等等，很多年来一直是书友们寻觅、鉴赏、举牌的代名词。从 13 人的经历，几乎可读出这个行当的大致。其中的人生往事、艰难不幸或赚钱藏宝，都是寻常人乐以知道的故事。于是，这本记载着在我们身边的那些书贩们的故事，读来不仅容易产生同感，而且感觉还差"后回"。

藏书家谢其章为此书作序，"晓维的写法，看似写景的地方他写人，看似写人的地方他写事，看似写事的地方他写情，虚则实之，实则虚之。以我之见，全书到处隐现着晓维人生阅历的投影"。作为此书"序者的不二人选"，谢先生从中看出了书贩的发家史、情爱史，也看出了自己那一段去而不返的时光，书贩们的经历触动了不堪回首的过往，因为有着类似的经历，有着切肤的感受，序中逐一介绍了13位书贩的简历。其中写道：

罗老师。晓维称："藏书家罗老师今年七十三啦。他这个藏书家可不是自己封的，那是报纸评的。""罗老师一辈子都生活在这座南方城市里。城市小，街道窄，人可不少。"中国之评选"藏书家"，最先发起的城市，应该是北京，时间是一九九七年，当时不叫"藏书家"，而是"藏书状元"、"藏书明星户"。组织该评选的是北京妇联，我和赵龙江兄作为海淀区的"藏书状元"被推举到市里。同科状元竟有吴祖光先生，我跟龙江私语："肯定是街道主任把吴祖光给蒙来的。"吴祖光进会议厅时诧异的眼神，老搞笑了。在颁奖大会上吴祖光睡着了。如果是北京文联来搞，我和龙江都混不进去。北京开了头，各城市马上跟进，以上海的"十大藏书家"质量最高。

据谢先生介绍，最先发起评选"藏书家"的是1997年的北京，"北京开了头，各城市马上跟进，以上海的'十大藏书家'质量最高"。有点不好意思，我是上海评"十大藏书家"的主事者，评选时间是在1996年8月，如果北京评出的包括谢其章先生在内的"藏书状元"是在1997年的话，那么，前后次序被误记了。有关上海十大藏书家的评选，可见《共享书香——首届上海图书节综览》(赵建平主编，上海人民出版社1997年4月出版)。当时的评选委员会由上海市新闻出版局副局长陈昕、《新民晚报》副总编辑朱大建、上海图书馆馆长陈燮君、著名作家徐中玉、藏书家邓云乡、爱书家褚钰泉、房延军等组成(有关此次评选容日后再叙)，这里只是为了纠偏。

也许因为是自己亲历的，所以比较容易"较真"。

13位书贩，各有不同经历。

顾铮在专职贩书之前有过两次经历：

　　大学毕业后顾铮和一个老板一起弄活字，想把它做成一个商业项目。他没有现金，就以自存古籍折价入股，几个合伙人里只有他一人坐班。有一次，老板从四川收购了几万册线装书，堆在一个货仓里，让他整理。那货仓没有窗户，全封闭的，原先用来放置重型机器，弥漫着呛鼻的机油味。老板怕书被虫子蛀掉，又往仓库里倒了一百斤樟脑丸。小顾在里面干了三个月，鼻子开始溃烂。他跟老板提出不能再进仓库了，老板不高兴。活字的事业做了两年，不见收益，几个合伙人都意兴阑珊。小顾辛苦一遭，也只能一无所获地收场。从此他决定单干。后来也有其他的老板找他入伙，一起印佛经之类的，小顾认真地说："他们突然来个主意，我就得上天入地地忙活，没意思。还是我自己做好，虽然发不了什么财，但吃穿不愁，落个自由。"

顾铮不在潘家园。不仅一直扎根在湖州，而且还晕车，但因为执着，也因为有了网络，使他之前因为某年在上海华山医院治病时无聊中让父亲给弄份杂志看看，看到的是一本收藏类杂志，其中有一条《旧书信息报》免费索报的小广告，于是……再经过两次合伙散伙，终于成为一个对现在的生活比较满意的书贩。

书贩王珅在作者的笔下可算是一个奇才。他只去过日本一次，他对赚钱这件事无比地热情，而且勤奋。"要敢买，要敢不卖"，"千万不要跟客户交朋友"。

开始做旧书生意是在二〇〇五年，当时他还是摩托罗拉的一名程序员，高收入白领。为了要找一部《鲁迅日记》（根据鲁迅记的书帐，学习买旧书。这个先进经验很多藏书者刚起步时都借鉴过），他误打误撞地进了旧书圈子。他很快就发现，在这个行业里，不同的销售渠道之间存在着足以牟利的差价。他还了解到，在日本出售的有关抗战的写真帖、各种珂罗版画册，价格比国内要低很多。虽然传统的藏书家对这类书是不屑一顾的，但它们确实有着非常稳定的市场行情。王珅仔细研究了此前数年中国古籍拍卖的成交记录，在相关条目下面都粘上了明黄醒目的小记事贴。然后按图索骥，跟日本的旧书店联系，买进所有他认为存在利润空间的旧书。在他的起步阶段，对互联网和外语的娴熟运用，使他和竞争对手比起来，棋高一着。他从日本买进的第一部书是《南画大成》，在这部书上他赚了四万元。这样，日本写真帖、画册也就成为他进入旧书行业的突破口。

后来生意再扩大一些，他就辞掉了在摩托罗拉的工作，在潘家园开店，专门经营旧书了。通过这个门店，他陆续结识了一些大买家。比如二〇一三年下半年因涉案而举国热议的某网络大V。随后他又诺曼底登陆，开辟第二战场，相继探明了老照片和线装古籍这两个潜力巨大的富矿，这大大拓展了他的经营范围。二〇一〇年，他全年的成交量达到了一千六百万元，这对于经营方式还停留在游商阶段的旧书业来说，是个惊人的数字，它相当于国营的中国书店一家普通门市全年的流水。而王珅的业绩几乎完全是凭一己之力做到的。他这样评价自己的业绩:"日本书、外文书,我基本上做到名列前茅了。但是古籍还有很多人做得比我好,我还有很多需要提高的地方。"

几年之间,他逐渐从一个毫不摸门的外行,变成了古籍拍卖会上的重要人物。在拍卖会上你总能听到有人小声嘀咕:"胖子举的。""这书我在胖子那儿见过。""这件大概被胖子自己托回去了。"说什么的都有。

王玷记忆中留下特别深刻印象的客户是一位在邮局上班的"爱书人"。他对我说:"你想,在邮局上班,一个月能赚多少钱。四千?五千?撑死了吧,估计都到不了。但那人是真喜欢书。他专门买日本的围棋书,每三四个月到我这里来一趟,一本一本地看。每次都买五六千块钱的。对别的客户来说,这是小钱,但对他来说已经是笔巨款了。我看他每次数钱的时候,手都直哆嗦。他是真看啊。他告诉我,每个谱他都照着打,直到现在他还常来。对他,我从不催款,你什么时候想付就付点得了，我都无所谓，难得这样真正喜欢书的人。"

河南书贩赵明在陈晓维的笔下写出的是一则"失之交臂"的故事：

有一年春节，他正在老家过年。一个潘家园的书贩打来电话，说弄到四五烟箱子美协的资料。双方约定过完年看货。一回北京，他赶紧跑到书贩子家，一看，东西确实好：

吴作人的毛笔信四五封；吴冠中手稿好几份，加起来有十几页；黄永玉手稿三份；赵无极八十年代在北京办画展，和郁风的来往信件十数封；其他名头稍小的画家：王琦、赵宗藻……应有尽有。光是华君武的信，一个烟箱子里就有近百封。书贩开价十万，赵明出六万，砍了一下午，最后六万五成交。等一切谈妥，天已经黑下来了。赵明想想卡上的钱不够，就说第二天一早过来付款提货。

回去他就和一位朋友商量筹款，把两个人所有的现金都取出来了。

人困马乏，一夜无话。翌日，在去送钱的出租车上，赵明的手机响了。书贩吞吞吐吐地说，有人给加了五千，东西卖掉了。书贩自觉失了信用，也有点不好意思，就从里面抽了一小份东西留给赵明，算是个安慰。

买货不能隔夜，赵明曾经有点遗憾地说过，这是个教训。这批东西如果买下来，放个一两年卖掉，至少能赚百万。那么他的生活轨迹就会早一些发生变化。

当然，后来他又碰到了类似的机会，他没有再错失。他挖到了第一桶金，日子变得好过了。

书贩黄凡贩书的启蒙是先入行的刘旭提供的唐弢的《晦庵书话》、黄裳的《榆下说书》、田涛的《田说古籍》。刘旭说："这几本是入门读物，你要是都看下来还没烦，你就可以卖书。"

几天之后，黄凡说："刘哥，书我都看完了，没烦。"刘旭说那好。他往黄凡口袋里塞了两千块钱，"你可以自理了。钱你不用着急，什么时候倒腾得开什么时候还我。"

看着13位书贩的人生经历，有的早已体面地生活着；有的还蜗居着，单身且寻找着女人；有的还留守在潘家园甚至"鬼市";有的已经经营着拍卖行成为"拍卖师";有的安居乐此,有的寻思着拓展做大……无论如何,书贩们的打拼,实在令人佩服。想来,我比王珅先读《鲁迅日记》并抄录其中的书账,更比刘旭还早读《晦庵书话》《榆下说书》《田说古籍》,还几乎天天在福州路走走的,却至今没有因此而看见"钱"途。

陈晓维在此书的"后记"中写道:

我记录的是这样一些人:他们无须被闹钟吵醒,不用在早晨八点半投身令人窒息的地铁车厢,感觉不到上级充满怀疑的审视如芒在背,但同时,他们没有住房公积金,没有每年一次的调薪,没有说话夹带英文、衬衣扎进西裤的同事,也看不到顺理成章的未来。

不是因为有什么天才,而是由于被缚,被古旧书魔力的绳索捆绑,他们的生活才显出意义。

……

这些年来,我一直和他们同行。有时,我也成为他们中的一员：既做观察者，也被自己观察。我想和黄裳的《记郭石麒》《记徐绍樵》一样，写下他们的生存状态。不仅关于流转在他们手上的稀奇古怪的书籍，还有那粗糙的生活、如影随形的无聊感以及爱情和梦。

同行的记载，使我等看见了书贩们的艰辛和开心，甚至羡慕他们，于是，作为勉志读物，此书大致可以继《晦庵书话》《榆下说书》《田说古籍》之后，成为《陈说贩书》了。

叶圣陶研究年刊（2018）

高友东主编，卓玥、张慧明责任编辑

开明出版社2018年12月第一版

开本：710 mm×1000 mm/16开

字数：538千字

ISBN 978-7-5131-4672-2　定价：56.00元

叶圣陶日记中的家国诸事

2021 年北京图书订货会期间，在开明出版社展区发现了三种《叶圣陶研究年刊》，这是我喜欢的。可惜既不卖也不便相送。立即微信联系《叶圣陶研究年刊》编辑部主任卓玥，承她安排，快递了年刊的 2018、2019、2020 年三种。慢慢翻阅，无论是封面、版式还是文章的组合，都有一种舒朗、简洁、大气之感，似乎也改变着我多年积存的出版类、研究类文集总有些拘谨、饱和和不修边幅的感觉。

早年，读《倪焕之》《日记三篇》等叶圣陶先生的作品以及叶先生儿子叶至善的专著《父亲长长的一生》等，一直存着仰望的心情，等待着叶圣陶全部日记的刊布。之前也曾在期刊或网络上看过数年日记，总也不解渴。叶先生等老先生写的日记，应该不是为了后来的出版而撰写的，虽然现时出版的多种名人日记，不乏因时势、人物的变迁而或主动或被动的删节。这多少是一种憾事。我不知道刊发在《叶圣陶研究年刊》上的叶先生1954、1956、1957年日记是否被删改，但从全文看，"私房话"还是不少的。三本年刊，刊发的日记不连贯，可能与整理或者篇幅有关。已刊的三年日记，也许1957年的日记更吸引读者。

1957年，因为一场反右整风运动而成为很多知识分子的人生转折之年；因为夫人胡墨林的去世，成为叶先生的悲伤之年。那么，在这一年的日子中，叶先生记下的家国诸事有哪些呢？（本文所有引文除标注出处外，均引自《叶圣陶研究年刊（2018）》中的《叶圣陶日记：一九五七年》，开明出版社2018年12月出版。）

墨言此次入院，不复如前急欲归家休养

叶先生自1956年年末至1957年1月10日在印度访问，同行者有沈雁冰、老舍、杨朔、萧三等。1月10日"离家二十馀日"后返京。11日至23日，除了王伯祥等来访或"到部中"（教育部）、"到社中"（人民教育出版社）等，一直为妻子胡墨林（以下均同"日记"书写"墨"）的病体而担忧，"一月廿四日，星期四。晨间墨似稍稍好些。医院来电话，谓床位有空，即可入院。于是穿着衣裤，料理出门。医院来病车，二人舁担架，墨裹于被中，徐徐而出，徐徐入车，由至善、满子随往。墨不露伤感之色，余为之私慰。及病车开走，余反身入屋，心中觉一空，其况难描。""墨言此次入院，不复如前急欲归家休养，须待能吃半碗饭，乃欲出院。"

住院期间，2 月 1 日的日记写着：探视临离开时"嘱余明日必往，余安肯不往乎！渠忍泪回头，余怅然而出。"2 月 5 日探视，"墨夜梦身体无何疾病，剥花生食之。渠言颇愿常在如是之梦中。境况如此，深可怅恨。"2 月 15 日，苏华院长来病房探视，"院长谓自无不可，事已至今，当以减轻痛苦为主。"2 月 17 日，"余与至善偕芷芬、晓风驰车至西山下，观福田公墓，为墨定葬身之所。""择定一穴，在伯祥夫人之西侧。北临一沟，沟上有杨树，东近围墙，墙内亦有杨树。政府

264

近有规定，一人只能占一穴，不可多占。种树由公家统一规划，不能善自为谋。故亦无甚可以设计，仅能于砖工石工略为讲究耳。余与至善拟定圹为砖砌，上复整块石版，即题字其上，不复立碑。余心思殊矛盾，一面亦思较为讲究，一面复觉其无甚意思。芷芬、晓风本欲为余预购一穴，他日与墨并居。余谓此可不必，他日是否死于北京，殊难逆料。形骸同穴，亦了无意义也。"2月19日，"三点至医院，墨益委顿。雁冰夫人与韦老夫人偕来，致语多安慰之辞。略谓福已不浅，儿女长成，且皆能自立，因而宜乐观，不必悲伤。易词言之，即为是可以安心就死。此在言之者固为美意，而不知触动墨之心境，致令渠流泪。余殊愤然，然无法令探望者不如是言说也。"2月21日，墨对儿媳说，"一切如夏先生模样，唯不赞成火葬。""晓风、芷芬来院，偕至善、满子出，买定棺木一具，至善言其木质颇佳。又至嘉兴寺殡仪馆接洽，谓可以在寺中入殓。至于墓地之工程，今日已由芷芬、晓风与墓工说妥，先作圹穴，俟解冻而后，再作墓面之工程。"

2月22日，徐护士来视墨，墨佳赞其体贴病人，"言数次来院，均蒙其照料，殊可感激。言次泪下。徐同志亦复感泣，终于忍受不住，转身径去。于张姓护士为渠擦背通小便时，亦言殊为麻烦，受惠良多，几欲泣下。几位大夫来查病房时，中有陶大刚（前此陶离院他往，今日方返院工作），墨见之复言受陶之惠太多，历次邀请到家，费神至多，言次又泪下。除此等说话外，复与余及至诚言家中琐事。我人与医院中人均劝墨少说话，多言伤神。墨则屡用'去日苦多来日少'一语，谓如何能不说，其言良可悲也。"

……

四十年来相依为命之人至此而去

3月2日（星期六），"墨以今日逝世，悲痛之极，1957年3月2日，永不忘此惨痛之日。""余四十年来相依为命之人至此舍我而去矣。""护士即为整理，呻吟床褥已久之人，至此乃成白布单包裹之一包。旋即送至太平间，余含泪请抬担架者轻轻移动，言此是死者之意旨。至诚与满子亦参加抬担架。余送至太平间，依院中规矩，室即当锁闭，经余与言，通融至八点半锁闭，俾满子、至诚辈可以守护两小时。"

"墨患恶病三年，我人竭力隐瞒，'癌'之一字，始终未扰其神思。迄于今日，此隐瞒之举已告完毕。差可自慰。墨怨医院胡乱开刀，怨中医下药不灵，苟与言明，则摧其神思必甚。"

3日"下午一点前，至善、满子与芷芬、晓风以卡车往医院，迎墨之尸。院中剖开检视，已于午前毕事，为洗净缝好，如平时行手术模样，并为穿好内衣，迎至嘉兴寺，陈于中堂，随即为穿好外服，最外面裹红色缎绣花之衾，其制如'一口钟'，墨形容枯瘦，抚之冰冷，余不禁号哭。""三点入殓，一棺居中，墨尸舁入，一盖而后，从此不睹其容。余复号哭。一家人皆哭泣。"

3月5日，"午后一点举殡。此时在场并相送至墓地者犹有八十馀人。柩装于一汽车中，外以蓝布幔之，略有装饰，颇大方。此车系向国务院借来。相送者分乘二辆大客车，借自部中与青年出版社。出西直门一路向西山，晴光殊好，已有春意。不意此来乃为墨下葬，并非结伴郊游。'古来相送者，各自归其家'，送葬者均将回去，而墨则从此长眠于西山下矣，伤哉！"

叶圣陶先生写道，在墨入殓时，伯祥、雪村、元善、晓先、文叔、白韬、纯才、刘子馀、薰宇、仲仁诸君俱来，振铎、雁冰、秀峰皆夫妇并至。4日，洛峰、克寒、灿然、韦老前来致唁，5日，陈叔老、吴玉老、叶遐老亦莅。"而向余致慰最关切者，为许广平大姐、杨之华大姐"。

这数十日的日记，我反复读了数次，每次都流泪。联想一年之内岳父、家母的逝世，不禁也悲从中来。自然也佩服叶先生的文字亲切。

料理完墨的后事，3月10日的日记：

上午九点，至怀仁堂。宣传部举行全国宣传工作会议，发来一入场证。余迄未一往。前日有电话来，嘱今日往听，遂往。听者系李富春在政协会议关于第二个五年计划建议的说明之录音。此一报告，听过者皆言极有意义，而余亦听不进去，坐在场中，昏昏欲睡。所发之报告提纲，亦匆匆翻阅一过而已。

休息时间晤白韬，白韬相告，谓纯才之意，余心绪不佳，可以休假名义，往他地一行，藉醒神思。此说言之者颇有人，余亦不反对。芷芬他们并谓可偕伯祥同行，有谈说之伴，并携晓风，则一切事务可由晓风料理。若其事果能实现，则出门一个月，亦未始非派遣愁烦之一道也。容徐徐谋之。

叶先生并伯祥和晓风自 3 月 20 日起"往他地一行"，出京城、进湖北、入湖南、到广东、返浙江、抵上海、赴江苏，直至 5 月 17 日回北京。

余欲采取自由主义，以度余年

1957 年的初期，遭失妻之痛的叶先生"积存之开会文件颇多，或撕之，或烧之"（3 月 7 日），自然也难顾其他。

不过，也就在奔走于医院的 2 月 13 日，叶先生在日记中透露了一种厌职的状态，"与芷芬、晓风闲谈，告以余近日所怀之心情。余欲脱离教育部，与出版社亦欲改变关系，任一特约看稿人。余欲各处游观，有兴则作文，余欲采取自由主义，以度馀年。"这种心情，连续多时。

5 月 20 日，叶先生在距上次到教育部已逾百日之后，与晓风闲谈，认为教育部工作缺点甚多，毛病甚大。甚至可用"教育部不懂教育"七个大字。"一切务欲削减，科目要少，课时要少，教材要精简，以为此是减轻学生负担之至要办法。""余甚欲退出教育部，不欲挂个虚名，亦算教育部之工作人员。至于出版社方面，余欲辞去社长之职，缘力不能领导此社，愿让贤者。余仅愿与语文方面之诸同人共同工作，希望在五年十年间，于语文教学有所改进，学生之语文能力确有提高。果能若此，则已算积极努力，尽余之力。如走消极道路，则余并语文教学方面亦放弃，退而为一职业作者。此种人生观殊不高明，余亦知之，然存想如此，莫可奈何也。——以上之意，前在旅中曾向晓风谈起，今日又重及之。"

5 月 21 日，教育部党组书记、副部长董纯才到社里与副部长、社长叶先生谈教育部工作不好，希多提意见，叶先生"余告以近日所怀之意思。并以余欲脱离教部，不当人教社社长之意语之。彼已先知其事，盖白韬已转知矣。"但纯才未表明态度。

6月7日，到社中，社中同人约六十人集于会议室，教育部党组由董纯才、李冰洁到社会议室听取意见。发言踊跃且尖锐，指摘教育部者甚多，亦有指摘社内领导者。大致编辑部同人中，颇有去而之他之想。其原因则为关心不够，信任不深，欲展其长而未能尽其长。"余虽名为社长，实皆未与此等事，而尸位于此，总觉不安。今闻有人提出此等意见，亦坚余早日引去之意矣。"

7月25日，与芷芬、晓风一起下班，共饮共谈。既而女儿至美、曾任出版总署编审局局长、党组书记的叶蠖生也到来。"余方谈拟辞去职务，只作一部分编辑工作，至美言此想法不妥，余则言余说此意已久，而子与女皆假痴假呆，不为余想实现所愿之具体办法，忽一时发火，以茶碗击桌。于是至美哭泣，馀人皆愕然。既

271

而余深悔之。昨日与老母争辩，今日又复如是，究其根原，皆由墨离我而去，心地寂寞，无处可诉之故。因即向至美言余不是，望彼勿怒。然总是多一重痕迹。余越来越将为孤独之人矣。午夜睡醒，想此事，久久不复入睡。然想亦想不出所以然，头中岑岑而已。"

烦恼之情，跃然纸上。

第二天，"夜间蠖生来，为余言欲求辞去职务，宜与有关部门之负责者商谈。余然其言，唯今方在反右派斗争中，且俟此事告一段落，再为提出。彼直谈至九点半乃去。"

此可谓良言。教育部、人教社领导没有接口，晚辈如芷芬、晓风、至美也无能为力，甚至成为"出气筒"，现在听了老同事叶蠖生的点拨，也算是领悟了。

此时此地，叶先生的愿望基本是不能如愿的。

乔木之意，以自己名义请报社撤回报道稿

6月4日中午，"饭后方睡，而胡乔木来电话，谓欲来访。"时任中宣部副部长、中央书记处候补书记的

272

胡乔木是因为《教师报》马君送其一份记者对叶先生访谈改进语文教学之事而来。因"涉及乔木，次为陆定一开脱"，诉说陆常因病离京，其在人大常委会扩大会议上关于语文教学方面发言，有未当之处。"乔木又谓语文分科、文学课本编辑之经过，外间确不甚明晓。今后最近期间，宜有所表明，使众周知。上午已讨论过，拟由一负责同志在适当场合说明此事，唯尚未有具体决定。"因此，"访问报道似可不必刊载。问余可否告《教师报》《文汇报》，撤去此稿。""察其颜色，听其辞气，颇有希余必允之意。"叶先生告知两报记者访问经过，言明不是自己主动拉他们来访。"余于陆之发言确愤愤，故径语记者。"叶先生表示，既然语文改革之经过情形已定办法明告国内，也就可依乔木之意，以自己名义请报社撤回此报道稿。"唯希陆定一今后于任何公开场合，自言其前此发言之失当。乔木含糊答应。"

　　依叶先生之性格脾气，自然不会"对着干"不听招呼，即托秘书晓风打电话与两报记者，说明撤稿。不过，心里的不快却也是存在的：

傍晚饮酒时，至善于此事表示不快。满子之言颇妙，谓乔木此事，亦带冒险意味。苟余坚决不肯嘱告记者撤稿，乔木亦无可奈何。若加一按语，补叙乔木来访之事，见之于报端，则更难堪。此非明示党方鼓励人家尽量批评提意见，实皆虚假耶。满子此言，确为有见。至善则谓日来报上所载似尖锐而实空泛之批评，甚至岂有此理之批评，登出无损于党之威信，故不以为忤。余批评陆定一，中其要害，从而可见党中央亦复散漫不一致，故惧其揭发。至善之言，或亦有些道理。

而且，胡乔木临走时特别叮咛，《文汇报》方面"非余自请撤稿不可，不宜言及其他。彼固深恐《文汇报》就此事作文章也"。这句话，似乎也显现出《文汇报》当时在中宣部及乔木眼中的倾向性。

6月5日，到社里将乔木来谈之事告知了芷芬、晓风。"九点，开社务会议，余以记者来访与乔木希望勿登访问报道之事告知与会诸人。余意在使社中几位党员副社长知有此事，并令知余于所谓整风已略窥其底蕴。"

6月7日，人民教育出版社总编室主任卢芷芬对叶先生说，他曾为陆定一设想，知道叶先生在报上发表谈话，应即有所表示，自认其原先的批评不符事实，"唯可言明于语文教学讨论之经过，确未详知，而今日所行之办法，则不以为然云云。如是则昭示于众，高级领导能接受批评，为整风运动树一嘉范，同时仍不失批评语文教学现况之初意。乃陆定一不出此途，而令乔木来就余婉商，希余撤回其谈话，实为失态之举。""芷芬此言，甚有见地。余亦思之渐明确，乔木之来，渠实失其立场。今日余尝以此言告白韬与安亭。"这卢芷芬，开明书店的老部下之言与至善、满子几乎一致。这更使叶先生有些"愤愤然"了。

6月8日，董纯才书记邀叶先生谈话。为乔木之来作解释。"大意谓余与党向为朋友，党固深知余，故乔木来找余。乔木之来意，不在党怕受批评（人家批评重于余者至多），而在为余着想。其一，恐人家利用余之谈话。目前阶级斗争复炽，已露端倪，发言反对共产党者不少，甚有匿名信件，于其时而余发表谈话，甚易使人混淆。其二，余之社会地位，恐因此而有损云云。余当即告董，余一时想不清楚，容徐徐思之。唯乔木来时，并未言及此意，则为实情。及与董为别，思索其事。其一，余只批评陆定一之不明实况而乱作批评，并批评宣传部部内不通声气，与一般机关同病，并未反对共产党，与日来报上之怪论完全不同。人家于余之谈话，无法妄事利用，苟人家强欲利用，责固不在余。若谓余亦有作怪论者同样之见解，则余将与之公开辩论，使公众定其是非。其二，余之社会地位何足惜。人家苟知余欲言而不言，虽非受威胁，终为不坚强，恐更将看不起余矣。如为写匿名信者知之，亦可致一匿名信于余也。总之，董之解释，非唯不能使余释然，益且更增一重痕迹。余此意当以明日与白韬、安亭、伯箫、文叔、薰宇五人言之。"

当时，叶先生为教育部副部长、人民教育出版社社长、总编辑；戴白韬任人教社第一副社长、副总编辑；辛安亭任副社长、副总编辑；吴伯箫任副社长、副总编辑；朱文叔、刘薰宇任副总编辑。6月9日（星期日），叶先生与戴、辛、吴、朱、刘五位谈与董纯才所言的想法。"认为其言殊无道理,以好意度之,只能认为不善于说话,亦即不善于思索。五君皆谈其所见,向余致慰,余以为安亭之言较中肯。安亭谓余之意在批评陆定一与宣传部,今彼方已知其事,当谋改进,则余之目的已达。至于对人对事提出批评,为顾及其效果与影响,宜考虑表达之方式与场合。在党内作批评,往往如是,某种批评于大会中提出,另一种批评于小组中提出,亦有私人晤谈时提出者,总之务求批评生效。且不生不良影响。乔木之来意,或者即本此旨。余当即答安亭,其言余表同意。"

"余又告诸君,此事本已过去,乃纯才昨与余谈说,谓此是为余着想,引起对此事之看法问题,实为重找麻烦。五君于纯才之说,皆无辞为之解释也。"

此事,经董纯才书记的指导,乃至安亭副社长点拨,终使叶先生释然。叶先生的批评虽然未见报端,但因为已传到胡乔木(或许也传到了陆定一)那里并促使胡乔木亲自出马讲和,而且董纯才书记也已知道叶先生的访谈内容和胡乔木的到访且邀叶先生谈话也说明,上层已知道批评的内容，换个思路，这次胡乔木的登门，也是保护了叶先生。否则，右派分子的帽子说不准也会因此稿而戴到叶先生头上。客观而言，实在是避过一劫。那个时候，至善、芷芬还是年轻呀。

全国人大第一届第四次会议 6 月在北京召开，20 日至 25 日预备会，26 日至 7 月 15 日正式大会。叶先生作为江苏代表亦自 20 日开始参加会议。叶先生在会议期间的日记，主要是对于右派或者准右派的揭发批判的记载。

在政协礼堂参加人大小组会

6 月 22 日，"我江苏组中之储安平，前在统战部座谈会中发言，有'党天下'之说，引起全国人之愤怒，认为含有反党反社会主义之意味。储与章伯钧、章乃器、罗隆基诸人，皆为右派分子。今日会中皆批判储安平。柯仲平之言最激昂。茅以升之言最恳切。"

24、25 日小组会讨论。26 日在怀仁堂参加大会开幕式。

27日小组会，"虽曰讨论周总理之报告，仍谈到右派分子之谬论方面去。章汉夫发言，指斥储安平，并向费孝通钱伟长二人进忠告，谓宜详细交代其与右派分子（章伯钧、罗隆基）之关系。储与钱今日未来，费孝通则自叙其思想情况，谓诚为资产阶级思想。既而张炯伯谈右派分子章乃器之公德私行俱荒谬，未毕而时已十二点，候下午再谈。"

下午，叶先生未复往。傍晚，"至美来。既而云彬来，继之周振甫来。遂共谈。云彬近为杭州报纸所攻击，谓其亦有右派分子之倾向。云彬平日语言随便，喜发无谓之牢骚，诚属有之。若谓其反对共产党，反对社会主义，则决无是事。杭州之诟谇及彼，盖民盟中有私人之恩怨在。此则大无聊矣。云彬遇此，意兴自不甚佳。"

28、29日，上午仍至政协礼堂。29日，王学文、王世寿、许立群、陈克寒四人发言。"许陈二君皆言右派分子之谬误，不仅在思想问题，而在政治问题。二君立论甚有据，听者心折。"

7月1日，上午小组会。"管文蔚言右派分子欲求自赎，必须改变其立场，站在人民的立场。其他人亦宜自省，立场有无不稳定处。于是储安平发言，言欲改变立场。而所谈皆与章伯钧、罗隆基往还经过，语不中窍要。章汉夫起而斥之，储语遂止。继之斥右派分子者又有数人。最后费孝通发言，自认为章伯钧所用，其言行实属反动。费语未尽，时间已到，乃散会。"

2日，叶先生在上午的小组会上发言约一刻钟。"余谓右派分子当人民代表，与资本主义国家之议员相同而不同。相同者，忘其所代表之人民。不同者，议员并不欲颠覆资产阶级之统治，而我国右派分子之当代表者乃欲颠覆人民民主专政。余又谓与右派分子谈我国建设有成绩，人民生活有改善云云，实已无多意义。盖我之所谓好，即彼之所谓不好，立场不同，看法全异。最后言彼辈既已自绝于人民，必须诚实认错，乃可转而自附于人民。""今日储安平来，而钱伟长、费孝通未来。他人发言者，皆针对储安平云。"

下午仍至怀仁堂。在听取董必武作法院工作报告、彭真作人大常委会工作报告之后开始发言。"陈嘉庚老先生自念其发言稿，从官僚主义发挥。渠所了解之官僚主义实与一般用法不同。意既不清，文章复不通，实为无聊。而老先生则固甚认真，以为其意见大有深意焉。""五点半即散会，可谓甚早。余颇有塾中小学生之心理，得早些放学，总觉快适。"

4日，上午仍开小组会。"今日报载章伯钧已自认与罗隆基虽无联盟之名，而有联盟之实，目的无非在与共产党对抗，不受其领导，而欲取得分庭抗礼之地位。论者谓此是初步坦白，距彻底尚远。因是我江苏组之储安平、钱伟长、费孝通皆发言交代，三人共谈两点多钟。听彼辈之言，似章罗二人利用钱费之科学知识与社会地位，俾彼等拉拢高级知识分子以为之用，意若曰彼辈关心高级知识分子盖有甚于共产党者。最后许立群发言，谓钱费二人之言尚可，犹未能尽满人意，储安平之言则殊无悔悟之意，最不足取云。"

下午仍在怀仁堂开大会，休息之际晤云彬，他意兴甚不好，杭州方面攻击不断，而《文汇报》《新民报》

在检查前一时期编辑方向谬误时，皆有牵涉及彼者。

5日下午开大会，13人发言四小时，"实觉困惫，且感无聊。发言皆有稿，印发会众。若尽为书面发言，看完各稿殆不过两小时。今大多数必登台读稿，读又读得未必佳，听之乏味，且耗时甚多。此办法行之已久，不知何以不思改良也。大凡作事习之已久，则视为当然，不复究其善否，会场上印发文稿而又读之，即此类也。"

6日，下午仍至怀仁堂，"吴晗控诉章伯钧、罗隆基之荒谬言行，最受听者欢迎。"

8日，开小组会，诸人发言，仍是批驳右派分子。"许立群之言最精，说明百花齐放百家争鸣之方针，与右派分子之胡说乱评，意别有在者，全不相同。右派分子盖借齐放争鸣之名，以遂其捣乱之实耳。"

9日上午小组会，下午大会听报告，上午钱伟长、费孝通二人自叙其思想谬误，行动荒唐。大家认为不满。

10日继续小组会讨论，11日大会以斥责右派分子为多。12日下午大会。

13 日，"今日上下午俱往怀仁堂，听大会发言。右派分子有四人发言，皆自认错误，愿意悔改，其真诚与否，余殊无力辨别。一为毕鸣歧，系与章乃器同调之人物，皆鼓吹资产阶级已甚进步，与工人阶级无殊，可不必再事改造者。一为黄琪翔，系农工民主党中人物，与章伯钧一鼻孔出气者。馀二人则为费孝通与储安平。此四人中，毕与黄皆于讲说时涕泣。龙云则作书面发言，亦自认其过去之罪过。"

7 月 15 日，上午至怀仁堂。发言者五人，章汉夫斥美国杜勒斯反对我国之言论，颇见有力。馀皆书面发言。"右派分子章伯钧、罗隆基、黄绍竑、陈铭枢、谭惕吾、潘大逵、张云川、章乃器、马哲民、李伯球、黄药眠、钱孙卿均表示悔过认罪，而云彬亦有书面检讨。大多谓仔细检查交代，请俟异日云云。"下午四点再至怀仁堂，通过各项决议，奏国歌而终场，为时不足一小时。在闭幕当天的日记中叶先生数语总结："此次会议主要盖为反右派斗争，对全国人民之思想与行动，影响至大。所谓树立社会主义风气，有此热烈之开端，自有佳绩。"

1957年的最后一天，中央人民广播电台播发的新闻是：浙江省召开人民代表大会，决定罢免沙文汉、云彬、雪峰等七人全国人民代表之职。沙文汉为浙江省长，云彬、俞子夷、陈学昭等为省人民委员会委员，亦均撤去。"右派分子之处理，浙江最先，当起示范作用。预料各省将陆续处理矣。"

时隔六十多年后，藉着叶先生的日记，虽然不及当时的《人民日报》《光明日报》等央媒的详细，但作为个人描述的历史"简版"，我们还是看到了当年的真实。虽然因此也会感到惋惜、遗憾，无论是站在台上厉声指责还是悔过、涕泣者。

整风、反右，击中了一群朋友

5月21日，李庚、子冈、浦熙修三位以次至，至善邀他们来闲谈小饮。李庚已脱离青年出版社，在美术学院任教，并为研究工作。

8月14日，回家时郑缤在相候，即留晚餐。渠谈青年出版社开会批判彭子冈之情形。"子冈之右派言行颇严重，为共产党员而殊无党员之思想作风。殆由早年被誉为名记者，自以为了不起之故。"

9月5日，至善参加批判子冈之会。"渠言子冈实无知且糊涂。盖闻人家举其历来所撰报端之文章，非特无党员之立场，亦且无中国人之立场。而其夫徐盈，亦为右派分子，夫妇二人共欲在新闻界中兴风作浪。余以为彼二人向皆被认为名记者，实则名不副实。而自以为了不起，竟不辨社会主义社会与旧社会，新闻工作应有根本之区别。彼二人名为党员，实则毫未见无产阶级立场也。"

9月6日，至善归来告知，"渠下午仍往参加新闻工作者之座谈会，今日不复批判子冈，而由王芸生作自我检查，此外则批判新闻界之其他右派。"

9月17日，至善相告，"李庚亦为右派分子，青年出版社已予以批判，明日至善亦将发言，亟须准备。"

因为李庚、子冈、浦熙修都是至善的同辈，也是叶先生的朋友，况且，中国青年出版社前身为开明出版社，至善在那做编辑，叶先生的旧同人也就成为话题。

相比较而言，至善对于子冈的理解"无知且糊涂"比叶先生的笔下更和善了。

7月27日，上午九点至文改会开常委会扩大会议。先讨论《文字改革》月刊之主任编委林汉达辞职问题。林于最近"鸣""放"之中所发言论，颇有未妥处，被指为右派。民进会整风，林为批评对象之一。文改会的大字报，亦多攻林之文稿。"工作人员且提出不能与林同任编辑工作，印刷工人则表示林主编之刊物，彼等拒绝排印。于是林表示辞去主任编委。讨论结果，先成立一工作组，由叶籁士主持，暂负编辑月刊之责。"8月2日，阅林汉达检讨稿，预备在明日民进座谈会上讲说者。"渠自谓背着进步包袱，致陷于右派思想，发言时或反党云。"林汉达先生是出版、教育界的知名人物，也是中国民主促进会的先进分子，可惜也在鸣放中被判入右派。

11月1日，儿媳姚澄来信，谓至诚"现未戴上右派分子之帽子，领导上还要看他一个时期，看他对错误认识如何而后定。"又谓所犯错误包括泄漏党内机密、组织小集团、预备搞同人刊物《探求者》。这事，对于叶先生而言，实在是一个打击。什么时候了？至诚还想着仿效父亲旧时在上海创办同人刊物的经历。

卢芷芬，实在是中国当代出版史上的悲剧人物。1933 年入职开明书店开始，曾任开明书店昆明分店经理，后任华北联合出版社副经理，由华北联合出版社等组建人民教育出版社后，担任总编室主任，芷芬是叶先生好友王伯祥（第 6 个女儿王汉华）女婿，早年协助伯祥先生刊编《二十五史补编》，芷芬与叶先生走得很近，既有开明子弟兵之谊，也有直属下级之情。在当年的日记中，有关卢芷芬被定为右派的经历，有如下数则：

卢芷芬是叶家的常客，与叶先生秘书晓风、儿子至善都是好友，也是叶先生家里的帮手和常客。叶先生在 1957 年的日记中，花在芷芬身上的笔墨不少。如 5 月 30 日，"芷芬来谈，言往日于全国之不平衡性注意不太足，一切唯求一律，故在教育方面颇出偏差。今部中强调学生负担过重，动欲减少学科，减少课时，精简教材，仍非全面观点。宜先提明不平衡之实况，然后言一部地区诚觉过重，始为公允。芷芬此意甚好，故志之。"

6月11日，"夜间芷芬来，仍谈各单位开会提意见帮助整风之事。明日部中又将开会，为党员副部长提意见。余不欲往。至善、芷芬之意，不往亦不好。最后决定送一信去，请他们捡出《北京日报》余之谈话一则观之，并请向《教师报》索取未刊登之一则访问余之报道观之。谓除此而外，别无意见，此二则承他们观览，在余即为尽言矣。"

7月7日（星期日），"九点后，伯祥、芷芬先后至，既而至美来。伯祥已多日未晤，闲谈整风运动与反右派斗争，所及者甚多。午间共饮。谈至三点，伯祥、芷芬去。"7月15日，"夜间芷芬晓风来闲谈，至十点乃去，"7月19日，"入夜，芷芬、晓风来，所谈无非反右斗争之事。九点以后乃去。"8月7日，"夜间芷芬来，谈约三小时乃去。"9月24日，"夜间芷芬来闲谈。"……

10月9日，上午在社里白韬详述社中反右派情况，被批判之人或多或少俱有新认识，知改其错误。"最后谓芷芬于鸣放期间亦多谬误之言行，日内将提出批判。"

11 月 27 日下午，"晓风告我芷芬在其自己检讨中谓四五月之顷，彼以为党将掌握不住，行将变天。由此种估计，乃于鸣放之时肆意攻击，示颇有反抗现局之意，一旦竟有变化，冀得以立足。"此说，在晓风所传芷芬之言，有些夸张了。在叶先生而言，有些模糊了。"余闻此殊出意料。徐思芷芬之若此，固有其因由。多年以来，习于商界之投机乘利，善为自己打算，遂于扰扰之候，亦思逞其先见，早事投机。至其立场，则固知识分子之右派也。社中方与芷芬开各种之会斗争辩论，最后如何，视其觉悟程度矣。"

12 月 5 日上午在社中，晓风来谈话。"谓芷芬昨日在大组会上作检讨，分析自己之思想，承认其错误，似乎相当好。"

仅仅是"似乎"，之后芷芬又如何能好呢？ 2010 年卢芷芬的儿子卢元锴先生写出了《卢芷芬的出版生涯》（刊《出版博物馆》2010 年 7 月出版），其中有着：

1955 年，人教社奉命进行教材改革，编写了一套崭新的教材，如高中的语文教材，就有张毕来主编的《文学》和张志公主编的《汉语》《语音》，地理教材分为《中国地理》《世界地理》《自然地理》和《经济地理》，其他课程的教材也有类似的精细划分，内容深受教师和学生的喜爱。然而，中央高层某人对语文学科的分类及编排存有意见，于是就责怪了中宣部。而当时主管中宣部的一位领导为了推卸责任，说这是人民教育出版社的"一意孤行"。此话一出，人教社一片哗然，正好赶上大鸣大放，叶圣陶先生把这个事捅了出去，说教材改革这样的大事，没有中宣部的批准，怎么可能呢？现在你们把责任推得一干二净，真是"主帅无能，三军受困"。叶老名气太大，不能拿他奈何，但要封住人教社的嘴，又要有人来承担教材问题的责任，也就是要杀一儆百，还要找个"替罪羊"。反右派斗争开始，人民教育出版社因这套教材而打成"右派分子"的多达14人，连出席全国群英会的全国劳模、著名的地理专家陈尔寿先生也不能幸免。1958年末反右斗争已经结束，卢芷芬还是被这位领导"钦定"补了进去，内部决定"逐出北京"，"永不许回北京"，却欺骗他"下放劳动一年，回来就摘帽子"。就这样结束了他热爱的出版生涯，乃至终结了他短暂的生命。

这段回忆，可与胡乔木登门造访叶先生合并阅读。可叹的是，芷芬在北大荒挣扎，据卢元锴回忆，"1960年，他的身体每况愈下，曾多次写信给人教社，要求回来看病，都被拒绝了。""同年冬天，在饥寒交迫中，他离开了这个冰冷的世界，身边一个亲人也没有，也不允许有。""卢芷芬究竟是在何地病故？遗骨究竟留在何方？是永远无人知晓的事。"1980年，"右派分子"卢芷芬终于获得改正，"当年4月12日举行了卢芷芬的骨灰安放仪式，叶圣陶先生也扶病前来向我们全家致慰。"

文化部出版界之反右斗争

6月2日（星期日）晨八点许，伯祥、雪村到访。在三位老朋友的交谈中，雪村谈古籍出版社同人纷提意见，"对王乃夫深表不满之情形。古籍出版社已并入中华书局，对外尚以古籍社之名义出些书籍，实际已取消。王乃夫亦随之为中华之一部分领导人，其作风确有诸多不妥处。"伯祥则谈文学研究所开座谈会之情形。"文研所颇有以马列主义治文学批评，研究古今文学，只此一家，馀皆外道之想法，致引起外间种种不满。"谈了半天，"午间留二位小饮"……这种老友相聚，应该是志趣相投、意见相同的。

7月16日，下午至文化部。"彼部近作出版界之反右斗争，已开过大会数次。今日邀各出版社人员商量如何继续斗争。""出版界之右派分子有人民出版社之曾彦修，通俗读物出版社之蓝钰，皆共产党员。二人之思想见解甚有系统，反对党与社会主义。以其为党员，尤为严重。故必须与之说理辩驳。"张致祥主持，到会诸人各抒今后如何发言如何开会之事。

7月19日，八点半到文化部参加座谈会。到者皆出版界同人，可谓出版界反右斗争会。"发言者多斥人民出版社之曾彦修，通俗出版社之蓝钰（二人皆共产党员），并及萧乾。余亦发言约二十分钟，历叙开国以来出版事业之方针，以驳无方针之说。蓝钰亦发言，但不

292

知何故，泣而无泪，语不能读。张致祥即令渠缓日再谈。继之复有人发言，即谓蓝钰如此当众检讨，态度甚不老实云。"

8月10日，叶先生应统战部之邀参加整风问题座谈会。到者近百人，无党派者居其大多数。"统战部副部长张执一说明集会之意，谓右派为少数，中间者居多数。中间者可左可右，为左右双方所争取之对象。今日之会，非谓邀请者皆属中间，然希望大家投入反右斗争，咸为左派。于斗争中改造思想，最为切实有益云云。"继之发言者十数人，皆谓知识分子改造思想诚有必要。"最后并无具体结论。大概统战部之意，此辈人物自由散漫，致以劝勉，期其自为整风云尔。"

8月14日，上午至文化部开座谈会（仍为出版界范围）。今日集中批判张友松之右派言行。"张为翻译工作者，自言开辟了两个战场，一方攻击人民文学出版社，一方攻击山东师范学院与山东司法机关。'放''鸣'之初，撰文颇多，致书其集团中人，印发公开信，尤多，今皆汇印于小册，供与会者参考。观其意旨与谈吐，甚为恶劣。今日发言，以灿然为最长，历一小时有半。继之有数人发言。最后张发言，空言纠缠，为众所制止，责令言与彼同谋之人。会以十二点一刻散。闻专为张开会，不自今日始，星期五尚须续开。"9 月 17 日，上午八点半至首都剧场。作家协会开大会，为丁玲、冯雪峰反党集团向文艺界作报告。"此会昨日已举行，余以部中有会，未能往。今日遇调孚，知昨日先由邵荃麟作总结发言，继之则为周扬讲话。周扬之言昨至一半而止，今日余获闻其下一半。周扬先讲雪峰之往事，余觉雪峰确然毫无党员之气味，实可鄙之甚。"郭沫若发言一时有余，意亦平常。"下午尚须继续开会，闻有雁冰，老舍，巴金，陆定一诸位之发言。余以疲惫，未复往听，而浴于松竹园。"

文化部将批判中华书局副总编辑（原开明书店创办人、经理，原古籍出版社副总编辑）章雪村与中华书局副总编辑（财政经济出版社原副总编辑）卢文迪、中华书局出版部主任（原世界书局总经理）陆高谊，寄来材料，希望余发言。"余与芷芬谈此事。卢陆二人余不详悉，能谈者或只雪村而已。"

9月18日，午后两点，至文化部，因批判雪村、文迪、高谊诸人，今日为预备会。副部长张致祥谈批判此三人，主要谈私营出版业要否社会主义改造，旧知识分子要否改造，"其他琐屑，可以不谈"。又谓公私合营之出版社，未必无缺点毛病，亦希大家一谈。"余以为如此甚得其要。"

9月21日，"上午八点半到文化部，参加批判章卢陆三人之座谈会。余发言卅馀分钟，尚觉畅达。雪村作检讨，自认种种谬误，将若干斥责之语，均加之于己，末谓有馀之年，总愿为人民服务，以自赎焉。""张静庐亦尝有荒谬言论，于批判三人之先，自作检讨。最后王益发言，说明新华书店统一担负全国发行工作之种种优点，谓今后决不能改变。盖攻击新华之发行工作搞坏，亦若干右派分子之恒言也。"

9月24日下午，至文化部参加批判章卢陆三人之第二次座谈会。"李国钧、文叔、覃必陶、梁涛然，尚有不相识之数人发言，语皆有内容，非空泛之驳斥。最后张致祥言出版界反右座谈会已开廿次，至此告一段落。国庆以后，文化部方面将总结诸人之批判，作一次总结发言，然后转入如何改进出版工作之讨论云。"散会已六点半，历四小时。

章、卢、陆之后的晚年生活均不太好过。

余谓教部之病，在于无知无能

6月7日，安亭告叶先生，"经余再度提出要求，教部党组决于今日下午专为社中同人举行座谈会，俾大家畅所欲言。部中事事只能应付，实由才能魄力所限，良为可怜。"

下午，社中同人约六十人集于会议室，教部党组由董纯才、李冰洁二位来听大家之发言。

6月8日，下午两点半，仍在社中听同人向教部提意见。"究竟社中同人详知教部之实情，诸人见识亦较高，所提种种意见，皆中窍要。而教部之百孔千疮，无一是处，闻之令人又生气，又发愁，不知教育前途将如何糟糕。"

6月9日，"夜间至美来，余告以近事，兼谈各方面整风之事，甚畅。谈中余忽得一比喻，自以为甚妙。余谓教部之病，在于无知无能。今之整风，在除去主观主义、官僚主义、宗派主义三大病害。此盖就有知有能而言，有知有能而去此三病，工作自可奏绩。而教部则无知无能，其病更为严重，一时殊无法可医。人家以为教部为一中央机关，殊为了不起，实则类乎'空城计'。且戏台上之'空城计'，除两个老兵而外，尚有诸葛亮。教部之'空城计'则并诸葛亮而无之，唯有两个老兵在城门边扫地而已。"

……

9月11日上午，到部中开办公会议。办公厅主任徐方庭汇报部中反右派斗争简况。"大意谓部及直属单位，已揭发之右派分子共廿七人。经此斗争，干部于是非之明辨，均有所进步。有三点尚须努力改进。（1）参加者尚不太踊跃，未必悉出于自觉，热情横溢。（2）说明辩论，做得尚不到家。（3）领导思想亦尚有问题，未必能稳掌船舵。（余念此三点甚确，大致任何单位均如是也。）"

9月16日，八点半到部中参加全体大会，"由纯才作报告，谈两个月来反右派斗争之收获，鼓励大家奋力投入此斗争，借此改造思想，提高自己。"

11月10日（星期日），晨八点到部中开全体工作人员大会，动员进入第三阶段之整风运动。先为新中国第二任教育部部长张奚老讲话。次为教育部副部长兼党组副书记陈曾固报告，总结第二阶段反右斗争之收获，并布置第三阶段整改之程序。"大致谓此第三阶段为整风运动之主要阶段，目的在人人自我教育，自我改造，从而改进工作，务为社会主义之利益，六亿人民之利益尽力。所整者主要在领导人员之工作作风，务去领导人员之三个主义（官僚主义、主观主义、宗派主义）。大家仍须大鸣大放，大争大辩，张贴大字报，掀起热潮，助领导人员整风。我部提出四个重点，希大家尤注重于此四者，尽量提出意见：（1）如何体现中央所提出之普通教育之方针，（2）体制与整编方面之问题，（3）领导之问题，（4）机关生活之种种问题。此一阶段为期三四个月。张、陈、董三位皆表示有痛改之决心，鼓励大家毫无顾虑，务求尽言。散会时，大字报已贴满于路旁，宛如五月下半月六月上旬之模样矣。"

11月16日上午，叶先生到部中开办公会议讨论精简机构问题。部中编制原为四百余人，国务院提出可减至一百五十人。"如此大减，盖植基在完全改革工作方法，不据旧日之规格与作风。减去之人员，去路有三：（1）充实基层，当学校教职员或教育行政部门人员。（2）参加工农业生产。（3）退职退休，指年老缺乏工作力量者而言。有若干司级同志有顾虑，谓一百五十之数未免太少。纯才最后发言，有值得记者。谓讨论此事，须有几个思想原则。（1）节约——节约人力，较之节约财力意义尤重大。（2）简政——注重方针政策，行政工作彻底下放，让地方去管，此外则减少公文，减少会议，务重实际。（3）改革作风——看重调查研究，总结经验，切实走群众路线。（4）宜从打破原有规格与作法着想，分工固必要，而不宜过细。"散会之后，"余谓纯才，以前作风，类乎旧日之衙门。今若能彻底整改，当可一变其衙门作风也。"

12月7日，上午部中开办公会议，决定再行一次整改，"期使群众所提出之意见，凡易于解决者，基本上皆能有解决，或作出令人满意之答复。同时为干部下放问题作准备，使大家对下放之事认识清楚，以便着手提出名单时得以顺利决定，无推诿踌躇之弊病。"

无知无能的教育部，在整改和减员之后，是否有知有能了，只能另说了。

社中开全体大会，批判右派言行

人民教育出版社的反右斗争也很热烈。叶先生先后参加了对田世英、刘淑珍、徐保衡、陈尔康、龙在田、孙春台的批判大会。

8月16日，下午社中百余人开会，听取人教社地理编辑室主任田世英检讨。批判田世英之右派言行的会议已开过四次，今日为第五次矣。"田自认为右派分子，谓缘出身于地主家庭，故与社会主义有抵触，渐致有反党反社会之言行。谈约两小时。叶立群言，田检讨尚不彻底，责令再自检查，坦白交代，并请同人继续予以批判与揭发。"8月20日，下午参加批判田世英之集会。

8月23日下午，参加批判右派分子刘淑珍的座谈会，到者约百人。"刘为大资本家家庭出身之妇女，来我社历史编辑室任编辑已数年，与其夫王永兴偕。其谬误之言行亦为反党反社会主义。发言者十馀人，皆有充分准备，故言之有物。刘尚未能诚恳表示悔改。为刘开会，次数已不少，以后尚须续开。"

8月30日，下午参加批判田世英的座谈会。听田作检讨。"至此，为批判田世英开会，大会小会已廿次矣。"

9月5日，下午参加批判徐保衡右派言论之会。"徐怀疑社会主义之各个方面，羡慕英美之民主与自由，其想法成为一套。已开过批判会多次，今日集中于英美民主自由方面。"

9月17日，"芷芬、晓风告知社中地理编辑室副主任陈尔康（党员）现亦确定为右派分子，且陈曾图自杀而未遂，余闻之深怅。（后知陈实曾自杀四次，非仅一

301

次而已。其故在恐受人家批评，渠之教养，使渠爱好虚假之面子，禁不得批评。）"

9月25日，全社大会批判刘淑珍，集中于其所称教育工作毫无成绩之一点。发言者就各方面指出解放以来教育工作之根本改变与发展。

9月27日，下午参加全体大会，批判陈尔康、刘淑珍二人。发言者"要旨集中于驳斥二人所谈教育部与共产党不能领导教育工作之一点。"

10月7日，"依时到社中，无他事，则居室中看报志。社中同人则颇忙，一半时间均在开小组会，作整风与反右之讨论。如此情形，盖已历两月光景矣。"

10月9日，上午白韬详述社中反右派情况，被批判之人或多或少俱有新认识，知改其错误。

10月10日，全体大会批判龙在田。"龙往时为国民党少将教官，与特务及高级军人颇有往还，所事为训练特务人员之工作。解放后交代历史，多所隐瞒。肃反运动中，渠亦为研究之对象，多方调查研究，渠乃渐吐其实。为作结论，断为历史问题而非现行反革命。渠当时表示感激。今年鸣放期间，渠乃大放厥词，谓认以为肃反对象，实系错误。并诬言整个肃反运动甚糟，与多数右派分子相同。故提出而批判之。""余于成都始识龙。渠以其英文文法稿《渡船》来投稿，叔湘以为佳，余收其稿，乃相识。当时仅知其为军校教官，后知其离军校而入一中学教英文，他无所知也。来我社在1953年，系余所招致。其时渠在南京中苏友协之俄语训练班任教云。"

10月18日上午，"邻室在开大组座谈会，批评龙在田。文叔发言，嗓子甚高，句句可闻。意者反右斗争赶紧要告一段落，故原定在下午开会者，今上午亦开。"

11月11日，"今日社中已贴满大字报。所提意见，或涉大问题，或关小事情。此是极度之民生。毛主席谓大鸣大放大争辩大字报为社会主义革命中之新形式。创自群众，其效极大。"

11月13日，上午到社中，"大字报愈见繁多，据云已有六百馀条。中有两条向余提意见。一条谓反右阶段余不大积极，望今后整风中积极起来。一条谓社中与部中之意向，望余多所沟通。其意皆甚殷勤。"

11 月 30 日，下午开全体大会，批判孙春台右派言行。"春台之彻底造谣，四出控诉，自己不作什么，而总以为社中对不起他，又写作文章，诬蔑新社会，引起全社同人之极度不满，一致要求开会与他斗争。今日发言者八人，皆证实其造谣，斥责其反动，余闻之殊为愤慨，此人荒唐至此，出乎意料。余虽不悉其详细，但凭直觉，以为彼固不知社会改进为何事，一切之改变，彼皆一无所觉。"

12 月 17 日，九时起开社务会议，"所讨论皆同人在大鸣大放中提出之意见，经整风各小组研究而后提出之改进办法。提出此等拟议，已经过多方咨询调查。待社务会议讨论修改以后，尚须与原提意见者或个别商量，或小组讨论，然后作为决定，公布于众。如此做法，认真周到之极。"

毛主席在沪曾邀舒新城谈话

12 月 16 日，上午到社中。"文叔来谈，语我以中华书局近事。谓毛主席在沪曾邀舒新城谈话，提出数事，云中华可做。（1）重编《辞海》。（2）汇印数十年之全部《申报》。（3）汇印所有可以搜罗到之地方志。（4）汇印所有可以搜罗到之碑帖。此皆大规模之工作。新城已在招约从事之人，据云绍虞、东华在此列。搜罗碑帖，则徐森玉、沈尹默二老已在着手。"

此段日记，大概可以补史。一般人都知道重编《辞海》之事，但毛主席也提出汇印《申报》、地方志、碑帖等事似乎都未见公告，过往，上海汇印《申报》之事，一直被以为是上海市出版局乃至上海出版文献研究所或者上海书店的"自行"行为。而且，关于地方志、碑帖似乎当时也没有抓紧。唯有《辞海》在上海市委的竭力下，由舒新城掌握，郭绍虞、傅东华等众人出力而事竟成。这天日记，似乎可以补史料之不足。

叶至善先生 2004 年写成《父亲长长的一生》，在叙写 1957 年时的父亲时，留下了这么一段话：

翻阅父亲那一年的日记，我发现有些会，他先前是可不去的就不去，如今很少缺席了；有些应景文章，他先前大半都推掉，如今几乎有求必应了。人教社的各种课本，文改会的各种方案，好像还不够他忙似的，得加码，把自己折腾得更加疲惫。人文社的《叶圣陶文集》，适夷先生约他自选自编。他从《隔膜》开始一篇接一篇地修改。……他又读起中长篇的翻译小说来，每天二三十页，几乎从不间断，《青年近卫军》《斯巴达克斯》《安娜·卡列尼娜》《战争与和平》……看了一部又一部。招儿也只有这么些了，哀愁到底排遣了多少呢？只有问我父亲自己了。父亲是不会回答了。在日记本边沿上，我找到他当时摘录的，陆放翁《蝶恋花》中的两句："只有梦魂能再遇，堪嗟梦不由人做。"

1957年，距今已经很久远了。因为叶先生存着日记而且被刊布，使得我等后辈得以比较真实地了解那年的人与事。我不想以现在的个人的眼光去评判过去，只是想抄录而昭示人们，当年的叶先生乃至同辈、晚辈出版人、教育者的经历。我们已经没有必要去批评当时的批判者，但一定要尊重历史。

后记　散落在书页上的出版往事

汪耀华

慢慢地阅读，发现书的真情故事、生活趣事和我自以为的精彩段落（现在也称"段子"）复制出来，再以自己的理解方式行文，便成为了本书各篇。

收入本书的这些文章，写作跨度较长，延续着之前出版的《阅读纪事》（上海书店出版社 2015 年 7 月出版）。受过几次挫折，或者需"腰斩"或者得改写，怕烦也怕影响"人情"，现在这些文章似乎都是"首发"，也许不合时宜，但自以为还是可读的。

本书所写，大致为出版人的出版故事，有些曾长期只知其一不知其二，有的则是难得披露，却多少能给人一种精神力量和生活品质的感受。我因为有着很多年从事书摘编辑的经历，可以在较短的时间内发现一本书呈现的"珍珠"、看点或吸引读者的"卖点"进行串读，借着拙文便知晓原书大概、不满足也可展读原书。

感谢陈保平老师赐序。也是很多年前，陈老师还在《青年报》任编辑时，我就是他作者，偶尔也会在中午时分坐49路公交车从汉口路到东湖路17号送稿子。在认识陈老师之前，我先是认识沈全梅老师，沈老师对我指导帮助很大（她丈夫孙定富先生是我在南京西路新华书店"站柜台"时熟悉的"读者"，我也多次到她在大沽路的家里讨教）。后来，江倩凤老师对我也很关照，她在负责《学生导刊》时我们曾经还一起举办过图书纠错征文等。

陈老师1994年任上海三联书店总编辑、总经理，我以"特约编辑"的身份协助旅美作家董鼎山先生出版了《西边书窗》(上海三联书店1997年1月出版，列入"三联文库·文化随笔系列")，书稿是由沈寂先生交付的，我与沈先生很熟，沈先生的《一代影星阮玲玉》《一代歌星周璇》"头部"出版时我也出过力。沈先生与董先生是20世纪30年代的老朋友，改革开放后重逢，董先生又是高产作家，先后在北京、香港三联书店出版过多种文集。1987年我协助董先生在学林出版社出版了《西边叶拾》（学林出版社1987年12月出版，列入"夜读丛书"），版权页上写着特约编辑汪耀华。后来，董先生希望上海三联书店也能出他的文集，于是请沈先生联系，沈先生再次找我帮忙。

很多年后才发现，我原地踏步不辨左右。现在，因着上海三联书店黄韬总编辑的鼓励和殷亚平责任编辑的宽容，同意出版，我便邀约陈老师撰序，感谢他如同二十多年前的厚爱一样，读了原稿又写了序。

2025年2月20日

图书在版编目(CIP)数据

散落在书页上的出版往事 / 汪耀华著. -- 上海：
上海三联书店，2025. 5. -- ISBN 978-7-5426-8895-8

Ⅰ. G239. 295

中国国家版本馆 CIP 数据核字第 20257XN383 号

散落在书页上的出版往事

著　　者／汪耀华

责任编辑／殷亚平
装帧设计／王　蓓
监　　制／姚　军
责任校对／王凌霄

出版发行／上海三联书店

　　　　　(200041)中国上海市静安区威海路 755 号 30 楼
邮　　箱／sdxsanlian@sina.com
联系电话／编辑部：021-22895517
　　　　　发行部：021-22895559
印　　刷／上海雅昌艺术印刷有限公司

版　　次／2025 年 5 月第 1 版
印　　次／2025 年 5 月第 1 次印刷
开　　本／787 mm×1092 mm　1/32
字　　数／140 千字
印　　张／10
书　　号／ISBN 978-7-5426-8895-8/G·1762
定　　价／68.00 元

敬启读者，如发现本书有印装质量问题，请与印刷厂联系 021-68798999